전문가 8명이 들려주는
각양각색 중국 이야기!

중국
학교

2

국립중앙도서관 출판예정도서목록(CIP)

중국 학교. 2 / 지은이: 임대근, 윤태옥, 리무진, 김월회. -
- 파주 : 청아출판사, 2016
   p. ;   cm

ISBN 978-89-368-1085-6 04900 : ₩11000
ISBN 978-89-368-1083-2 (세트) 04900

중국사[中國史]
중국 문화[中國文化]

309.112-KDC6
306.0951-DDC23              CIP2016011675

# 중국 학교 2

초판 1쇄 인쇄 · 2016. 5. 20.
초판 1쇄 발행 · 2016. 5. 25.


지은이 · 임대근  윤태옥  리무진  김월회
발행인 · 이상용  이성훈
발행처 · 청아출판사
출판등록 · 1979. 11. 13. 제9-84호
주소 · 경기도 파주시 회동길 363-15
대표전화 · 031-955-6031   팩시밀리 · 031-955-6036
E-mail · chungabook@naver.com

ISBN 978-89-368-1085-6 04900
      978-89-368-1083-2 04900(세트)

* 값은 뒤표지에 있습니다.
* 잘못된 책은 구입한 서점에서 바꾸어 드립니다.
* 본 도서에 대한 문의사항은 이메일을 통해 주십시오.

전문가 8명이
들려주는 각양각색
중국 이야기!

중국 2 학교

|임대근 · 윤태옥 · 리무진 · 김월회 지음|

중국의 영화와 명품, 만리장성
중국 인문기행

청아출판사

　　이 책은 중국학@센터가 기획해 2015년 9월 3일부터 10월 29일 까지 모두 8회에 걸쳐 진행된 강의를 정리하여 엮은 것이다. '중국 학@센터'는 2001년부터 홈페이지(www.sinology.org)를 만들어 중국학 전반에 대한 소개와 자료 제공을 해오고 있는 중국학 전문가 그룹 이다. 초기에는 의욕만 앞섰던 탓에 장기간 침체에 빠져 있었으나, 최근 홈페이지 면모를 일신하고 여러 가지 다양한 사업을 새롭게 모색하고 있다. 이 강의 역시 그러한 시도 가운데 하나로 열린 것이 다. 구체적인 강의 순서와 내용은 다음과 같다(참고로 8강의 경우 필자의 사정으로 당시 강의 내용과 이 책의 수록 내용이 바뀌었다).

2015년 9월 3일　　제1강 그림신문으로 보는 근대 중국 (민정기)

2015년 9월 10일　　제2강 시로 열어 보는 중국의 문 (홍승직)

2015년 9월 17일　　제3강《삼국지》는 왜 읽어야 하는가 (서성)

2015년 9월 24일　　제4강 중국의 역사를 바꾼 전쟁 (조관희)

2015년 10월 1일　　제5강 영화로 보는 중국 (임대근)

2015년 10월 8일　　제6강 인문기행 중국: 배낭대학 (윤태옥)

2015년 10월 22일　　제7강 중국의 수집 문화

: 중국인이 열광하는 중국 명품 이야기 (리무진)

2015년 10월 29일    제8강 고전의 중국, 중국의 고전

: 유교의 고전을 중심으로 (김월회)

첫 번째 강의에서는 인하대 민정기 교수가 청대 말에 발행된 〈점석재화보點石齋畫報〉를 통해 본 근대 중국의 모습을 전해 준다. 이 화보는 일회성이 아니라 순간旬刊, 즉 열흘마다 한 번씩 발행된 일종의 신문이었다. 당시 유럽에서 유행하던 illustrated newspaper를 중국에 도입한 것이다. 발행인은 어니스트 메이저Ernest Major라는 영국인으로, 고급 독자가 아닌 어느 정도 글자를 해독하는 일반 대중도 그림을 통해 사건을 즉각적으로 이해할 수 있도록 기획했다. 카메라가 발명되긴 했으나 아직 보편화되기 이전 시기였으니, 그림은 사람들의 이해를 돕는 중요한 매체로 활용되었다. 〈점석재화보〉는 1884년에서 1898년까지 모두 528호가 발행되어, 현재 4,647폭의 그림과 글이 남아 있다. 이를 통해 우리는 그 시대의 모습을 좀 더 생생하게 이해할 수 있는 것이다.

두 번째 강의는 중국의 대표적인 문학 장르인 '시詩'를 통해 본 중국의 여러 가지 모습이다. 강의를 맡은 홍승직 교수는 오랫동안 장르 불문하고 중국의 고전문학 전반에 걸쳐 천착해 온 중국 문학 전문가이다. 중국에서는 오랜 기간 다양한 문학 장르가 만들어지고 후대에 전해져 왔는데, 그중에서도 역대 문인들이 가장 주요한 장르로 손꼽는 것이 '시'이다. 중국의 초·중등학교에서는 대표적인 중국 시인들의 시 작품을 학생들이 암송하게 하고 있다. 그래서 정상적인 보통교육을 받은 중국인이라면 누구나 유명한 시인의 시 몇 수는 줄줄 외우고 있을 정도다. 한마디로 중국에서 시는 전통 시기의 문인들뿐만 아니라 현대를 살아가는 일반 대중의 일상에서도 큰 부분을 차지하고 있다. 이 강의에서는 광고 등에서 활용되는 시와 전통적인 고문의 함축적인 표현에 대한 소개를 통해 중국에 대한 이해의 깊이를 더하고자 했다.

세 번째는 우리에게도 잘 알려져 있는 《삼국지》에 대한 강의다. 이 강의를 맡은 서성 교수는 열린사이버대에서 국내 최초로 《삼국지》만 다루는 전문 강좌를 열어 10년 넘게 강의를 해온, 국내 최고 수준의 《삼국지》 전문가라 할 수 있다. 《삼국지》라는 소설에 대해서는 굳이 자세한 설명이 필요 없을 것인데, 서 교수의 강의의 특색은 《삼국지》에서 일반인이 간과하는 아주 미시적인 부분을 다루고 있다는 것이다. 서 교수의 깨알 같은 지적과 설명을 들으면 《삼국지》에 대해 어느 정도 자신감을 갖고 있는 독자라 할지라도 무릎을 치게 될 것이다.

네 번째 강의는 '중국의 역사를 바꾼 전쟁'이다. 주지하는 대로 중국은 오랜 역사를 갖고 있는 나라다. 그 오랜 기간 동안 수많은 전쟁을 치렀을 터. 그중에서도 그야말로 획기적인 의미를 가진 전쟁이 몇 차례 있었다. 이 강의에서는 그중에서도 위진남북조 시기에 있었던 '페이수이의 전투(비수전투)'와 근대 초기 '아편전쟁'이 중국 역사에서 어떤 의미를 갖고 있는지 살펴본다. 어떤 역사학자는 페이수이의 전투를 중국 역사를 양분하는 엄청난 사건으로 보기도 하는데, 과연 그때 무슨 일이 벌어졌던 것일까. 그리고 아편전쟁을 중국 역사가 또 한 번 뒤집어지는 결정적인 사건이라고 하는 이유는 무엇 때문인지, 이 강의를 통해 독자들의 궁금증을 풀어 보자.

　다섯 번째 강의는 '영화로 보는 중국'이다. 영화라는 매체는 비교적 최근에 만들어진 발명품임에도 현대인에게 불가결한 존재가 되어버렸다. 비교적 이른 시기에 영화를 받아들이고 또 일찍부터 영화가 유행한 중국의 경우도 마찬가지다. 이 강의를 맡은 임대근 교수는 국내뿐 아니라 중국에까지 명성이 알려져 있는 명실공히 우리나라를 대표하는 중국 영화 전문가이다. 그의 입을 통해 독자들은 중국 최초의 영화가 무엇인지, 그리고 굴곡진 중국의 현대사에서 영화가 어떤 역할을 해왔는지에 대해 알아보는 시간을 갖게 될 것이다.

　여섯 번째 강의에서는 1년 중 6개월 남짓의 시간을 중국에서 보내는 중국 전문 다큐멘터리 제작자이자 중국 여행가인 윤태옥 대표가 중국에서의 배낭여행이 어떻게 가능한지, 그리고 이를 위해서는 어떤 준비가 필요한지에 대해 상세하게 설명한다. 교통이나 숙박 등 인프라가 열악한 데다 언어까지 통하지 않는 중국에서 배낭 하나 둘러메고 여행을 떠난다는 것은 조금은 무모한 시도 같다. 그런데 윤 대표는 꼭 그런 것만은 아니라고 조언한다. 어디를 가든 사람 사는 곳은 다 똑같고 상식이 통하기 때문에, 중국의 오지를 가더라도 그렇게 당황스러울 것은 없다는 것이다. 새로운 환경을 두려워하지 않고 즐길 마음만 있다면 세계가 다 내 안방과 같다. 이 강의를 통해서 그것이 과연 현실적으로 가능한 일인지 확인해 보자.

일곱 번째 강의는 중문학계에서 소문난 오타쿠 중 한 사람인 리무진 교수가 소개하는 중국의 명품에 대한 것이다. 특히 리무진 교수가 몇 년 전부터 관심을 갖고 있는 다호茶壺, 그중에서도 자사호紫沙壺의 이야기가 주를 이룬다. 다호는 중국인이 즐기는 차 문화의 본령이라 할 수 있는데, 그만큼 다호 시장은 광범위하게 형성되어 있다. 일반 가정에서 쓰는 저렴한 다호부터 수천만 원에서 억대에 이르는 명장名匠의 손에서 나온 명품 다호까지, 다종다양한 다호가 유통되는 만큼 가짜 다호도 많다. 리무진 교수는 초보적인 수준에서 가짜 자사호를 감별하는 방법을 일러주는 동시에, 명품이 갖고 있는 그 나름의 가치에 대해서도 자상하게 설명해 준다.

여덟 번째 강의는 본래 '고전의 중국, 중국의 고전'이라는 제목으로 강의한 것이었으나 강연자의 개인적인 사정으로 '중국이라는 만리장성'이라는 제목으로 대체되었다. '장성'이 우리에게는 단지 저렴한 패키지여행의 한 코스로만 알려져 있지만 중국 역사에서 차지하는 의의는 그리 간단치 않다. 평소 중국 고전 연구에 매진하고 있는 김월회 교수는 우리에게 왜곡된 이미지로 전달되고 있는 장성에 대해 완전히 새로운 시각을 제시한다. 중국 역사에서 장성은 어떤 의미가 있으며, 또 중국의 역대 왕조에 의해 어떤 식으로 활용되어 왔는지 알 수 있다. 과연 장성은 북쪽 유목민족의 침입에 맞서 중국의 역대 왕조가 쌓아올린 방어적인 성격만 갖고 있는가? 김월회 교수의 결론은 그렇지 않다는 것이다. 왜 그런 식의 추론이 가능한지는 구체적인 강의를 통해서 알아볼 수 있을 것이다.

8명의 중국 전문가가 각자 자신의 전문영역에서 강의한 내용을 모아 놓은 만큼 전체적인 일관성은 떨어진다. 하지만 동시에 서로 다른 시각에서 다양한 내용을 맛볼 수 있다는 이점도 있다. 앞으로도 중국학@센터에서는 이런 기획물을 계속해서 내놓을 예정이다. 독자들의 열띤 호응이 이어지기를 바라는 마음으로 향후 작업도 기대해 본다.

2016년 4월의 마지막 날
강연자들을 대표하여
조관희

# 중국 학교 1

제3강

# 《삼국지》는
# 왜 읽어야 하는가 _서성

제4강

# 중국의 역사를 바꾼 전쟁 _조관희

# 중국 학교 2

## 제5강

## 영화로 보는 중국 _임대근

## 제6강

## 인문기행 중국
## : 배낭대학 _윤태옥

제7강

# 중국인이 열광한 중국의 명품 _리무진

제8강

# 중국이라는 만리장성 _김월회

제5강

# 영화로 보는 중국

| 임대근 |

# China

1896년 상하이에서 처음 상영된 이후, 영화는 오락물로 또는 정치적 선전도구로 중국인의 삶에 깊숙이 들어왔다. 오늘날 중국은 미국에 이어 세계에서 두 번째로 많은 영화를 제작하는 국가이며, 집중적인 투자로 중국 영화산업이 성장할 가능성은 무궁무진하다. 영화라는 문으로 들어가서 중국을 여행해 보자.

안녕하세요. 저는 중국 영화를 공부했습니다. 요즘은 그 범위가 조금 넓어져서 대중문화를 비롯한 문화 전반을 함께 공부하고 있습니다. 한국과 중국, 그리고 아시아에서 영화와 대중문화가 어떻게 퍼지고 소비되는지, 현지인은 한국이라는 외국의 대중문화를 어떻게 받아들이는지에 관심이 많습니다. 대중문화라고 하면 TV드라마와 음악, 한류 등을 다 포함합니다.

원래 제 공부의 출발이 중국 영화였기 때문에 오늘은 중국 영화를 중심으로 이야기해 보겠습니다. 사실 '영화로 보는 중국'이란 제목은 제 입장에서는 고루한 느낌이 듭니다. 제가 영화를 처음 공부한 것이 15년 전입니다. 대충이 아니라 전문적으로 공부하기 시작한 때입니다. 그때도 이런 테마가 있었습니다. '영화로 보는 아무개' 같은 제목이 참 많았습니다.

이 제목을 잘 들여다보면 영화가 수단과 도구가 되고 있다는 사실을 금방 알아차리실 것입니다. 목적은 물론 중국입니다. 영화를 통해서 중국을 이해해 보겠다는 거죠. 영화를 통해 궁극적으로 알아야 할 것은 영화가 아니라 중국입니다. 하지만 거꾸로 생각해 볼 수도 있지 않을까요? 중국을 통해서 영화를 볼 수는 없을까요? '중국에서 본 영화'라는 강좌도 가능할 것 같습니다.

영화를 공부하는 입장에서 영화가 늘 수단과 도구가 되는 것에 불만이 좀 있습니다. 이런 식의 이야기가 발전하기보다는 오랜 시간이 지나도 같은 주제로 반복되고 있으니까요. 한동안은 상당히 불만이 많았지만 요즘은 받아들이고 있습니다. 영화를 통해 중국을 알아볼 수도 있겠다고 인정합니다. 하지만 때로 '영화'와 '중국'이 자리를 바꿀 수도 있겠다는 생각을 해주시면 좋겠습니다.

오늘이 중국학교 다섯 번째 시간이죠? 중국이란 나라가 굉장히 큽니다. 중국으로 들어갈 수 있는 문은 여덟 가지가 아니라 수백, 아니 수천에 이를 것입니다. 저도 이번 중국학교에서 첫 시간의 〈점석재화보〉 이야기를 들었습니다. 여러분은 그 뒤로 시와 삼국지, 전쟁 등 여러 가지 주제에 대한 강의를 들으셨을 겁니다. 주제 하나하나가 중국을 이해하기 위한, 중국으로 들어갈 수 있는 입구 역할을 합니다.

이렇게 입구를 통해 들어가 보면, 중국을 제대로 구경하기 위해서는 방대한 시간이 필요하다고 느끼실 겁니다. 중국은 정말 폭도 넓고 깊이도 깊다는 점을 깨달으실 겁니다. 어느 문으로 들어가든 중국이라는 실체를 만나게 될 텐데요, 과연 우리가 다 이해할 수 있을까요? 불가능에 가깝습니다. 우리 역량의 한계일 수도 있고, 중국이 원체 방대하기 때문일 수도 있습니다. 그래서 중국을 이해한다고 할 때 각자의 문으로 들어가서 각자 보고 듣고 경험한 것을 중심으로 얘기할 수밖에 없지 않나 싶습니다.

저도 중국을 연구한다고 하지만 아는 것보다는 모르는 게 많습니다. 사실은 어떤 지식을 많이 아는 것보다는 관점이 더 중요합니다. '어떤 시각과 관점으로 중국을 바라볼 것이냐'가 관건이죠. 지식은 네이버와 구글을 찾으면 얼마든지 획득 가능합니다. 그보다는 어떤 관점으로 해석할 것이냐가 훨씬 더 중요하지요.

오늘은 영화라는 문으로 들어가서 중국을 여행해 보도록 하겠습니다. '영화' 하면 뭐가 떠오르나요? 영화가 싫은 분 계신가요? 사람들이 영화를 왜 좋아하는지 도저히 이해하지 못하겠다는 분 계신가요? 보통 한국 사람들은 영화를 데이트할 때 소비합니다. 남학생과 여학생, 중년 남녀도 마땅히 할 게 없을 때 가는 곳이 영화관입니다. 제일 싸기 때문입니다.

영화비 2만 원 플러스 알파, 밥 먹는 것까지 해서 4만 원 정도면 두 사람이 4시간, 반나절을 즐길 수 있습니다. 시간당 만 원인 셈이죠. 영화 보는 게 제일 싸게 먹힙니다. 그래서 불경기가 되면 영화산업이 잘 되는 경향이 있습니다. 뮤지컬과 오페라는 굉장히 비싸잖아요. 티켓 한 장에 비싸게는 십 몇만 원씩 하니까 엄두를 못 냅니다.

물론 영화를 보는 이유가 경제적인 이유 때문만은 아닙니다. 영화관이 주는 묘한 매력이 있습니다. 불이 꺼지고 옆사람이 안 보입니다. 깜깜한 곳, 아무도 보지 않고 볼 수 없는 곳에서 느끼는 매력이 있죠? 누구랑 같이 가느냐에 따라 두근거리는 마음의 정도가 달라집니다. 이처럼 경제적으로뿐만 아니라 정서적으로도 영화는 우리에게 많은 것을 전해 주는 미디어입니다.

중국도 영화가 굉장히 발전한 나라 중에 하나입니다. 이번 주제를 시각을 살짝 돌려서 생각해 보면, 이렇게 질문해 볼 수 있지 않을까요?

'중국 사람들은 영화를 어떻게 생각했을까?'

큰 주제는 영화로 보는 중국이지만, 그와 동시에 중국 사람들은 영화를 어떻게 생각했을까, 하는 주제도 함께 고려해 보면 좋겠습니다.

## 🎬 영화의 시작

우선, 사전에 공감대를 형성하기 위해 영화와 관련된 몇 가지 사실만 확인하겠습니다. 영화가 언제 태어났는지 아세요? 세계 최초의 영화가 언제 상영됐을까요? 영화는 20세기에 와서 '제7의 예술'이라는 지위를 부여 받았습니다. 그 전에 예술이라면 문학, 음악, 미술, 춤, 건축, 연극 이렇게 여섯 가지 장르를 지칭했습니다. 사실 영화가 발명된 뒤에 영화가 과연 예술인지에 대한 논란이 끊이지 않았습니다. 하지만 20세기에 들어와서 영화도 종합예술 장르로 받아들여서 제7의 예술이라는 지위를 획득하게 됩니다.

이 일곱 가지 예술 중에서 태어난 생일을 알 수 있는 유일한 장르가 영화입니다. 다른 장르는 언제 태어났는지 아무도 모릅니다. 다들 고대 어느 시점에 형성됐을 거라고만 추측합니다. 하지만 영화는 근대 이후 과학기술의 발전과 더불어 탄생합니다. 카메라와 필름이 발명되면서 그 토대 위에 만들어진 것입니다. 그래서 정확하게 영화의 생일을 알 수 있는 것이죠.

영화가 세상에 처음 선보인 날은 1895년 12월 28일입니다. 프랑스 파리에서 태어났습니다. 파리 시내 지하에 있는 한 인도풍 살롱에서 처음 '상영'됐습니다. 이 영화를 만든 사람이 바로 뤼미에르 형제입니다. 옛날 압구정동에 뤼미에르 극장이 있었습니다. 이 형제 이름을 딴 것이죠.

그래서 프랑스가 영화의 종주국이 됩니다. 프랑스 사람들이 영화에 대해 가지는 자부심과 자존심이 굉장하지 않습니까? 그게 다 이유가 있는 것입니다. 특히 미국과 대립하는 '프랑스 영화' 정체성을 확고하게 가지고 있죠. 뤼미에르 형제가 만든 영화는 300편이 넘습니다. 길지는 않고 대부분 1~2분짜리로 짧습니다. 그 형제가 처음 찍은 영화들은 사람들이 일상적으로 살고 있는 모습을 기록했습니다.

뤼미에르 형제 말고도 비슷한 시기에 영화를 발명하고 싶어 했던 사람이 있습니다. 미국의 에디슨입니다. 발명왕 에디슨 아시죠? 에디슨도 영화 발명하려고 굉장히 노력했습니다. 실제 영화 비슷한 것을 발명하기도 했습니다. 키네토스코프kinetoscope라는 기구입니다. 오른쪽 사진처럼 구멍으로 들여다보면 움직이는 영상이 보이도록 했습니다. 그러나 에디슨이 발명한 이것을 영화로 치지는 않습니다. 결정적인 약점이 혼자서만 볼 수 있기 때문이었습니다. 사실 이런 식의 기계는 똑같지는 않지만 많이 존재했습니다. 그래서 영화라고 부르지 않는 것입니다.

에디슨이 발명왕이라고 칭송을 받았지만 영화를 발명하지 못한 데 대해서는 콤플렉스를 제법 가지고 있었습니다. 에디슨은 어렸을 때 위인전에서 본 것처럼 착하고 머리 좋은 학생이 아니었습니다. 성격이 썩 좋은 편은 아니었다죠? 뤼미에르에게 졌다는 이유로 분을 삭이지 못하다가 나중에 돈을 많이 벌어 영화사를 사들였습니다. 영화 제

키네토스코프

작에 직접 뛰어든 것이죠. 하지만 프랑스는 영화의 종주국이 됐고 미국은 뒤쫓아 가는 나라가 됐습니다.

옛날에는 뤼미에르가 만든 영화 한 편 보기가 정말 어려웠습니다. 너무 귀한 자료라서 비디오 복사해서 돌려 봤습니다. 얼마나 화질이 좋지 않았겠어요? 그래도 직접 봤다는 사실 때문에 너무 흥분해서 밤잠을 설칠 정도였습니다. 그런데 요즘은 유튜브에서 검색만 해도 수십 개의 영상이 주르륵 뜹니다. 얼마든지 쉽게 볼 수 있는 영화가 됐습니다.

그중에서도 유명한 작품이 프랑스 파리의 시오타 역에 기차가 도착하는 장면입니다. 정원에 물 뿌리는 사람과 아기 돌보는 사람을 그대로 촬영한 것도 있습니다. 지금 보시면 그냥 그런가 보다 하시겠죠? 하지만 이 영화를 처음 본 사람들은 엄청나게 큰 충격에 빠졌다고 합니다. 움직이는 기차가 스크린 위에서 자신들을 향해 돌진하는 듯한 느낌을 받았다고 합니다. 처음 보는 장면이라서 그랬겠죠? 너무 과장해서 표현한 것이라는 주장도 있습니다만, 그날 살롱에 모여 있던 30여 명이 엄청나게 놀라고 충격을 받았다는 사실에는 변함이 없습니다.

뤼미에르 형제는 이 반응을 보고 '장사가 되겠구나' 하고 생각했습니다. 이듬해인 1896년부터 직접 회사를 차려 이 영화를 다른 나라에 팔러 다니기 시작합니다. 제일 먼저 간 곳이 인도입니다. 사람들을 모아 놓고 영화 틀어주고 장사를 했습니다. 인도가 지금도 영화 대국인 것 아시죠? 현재 세계에서 할리우드가 1년에 천 편 정도로 영화를 가장 많이 만들고, 인도도 그에 못지않게 만들고 있습니다. 수준이 그리 높지는 않습니다. 베끼는 것도 많습니다. 우리나라에는 2~3년에 한두 편 정도 인도 영화가 들어옵니다. 최근에는 〈세 얼간이〉가 들어왔죠? 대부분은 잘 안 들어옵니다.

인도는 말이 서로 다 달라서 표준어로 찍을 수도 없습니다. 그래서 노래가 매우 중요한 요소로 들어가죠. 영화 대부분을 뮤지컬처럼 꾸 밉니다. 이렇게 노래로 된 것이 많다 보니 세계적으로 유통하기는 쉽 지 않습니다. 하지만 워낙 영화가 많이 만들어지고 또 인도 사람들이 영화를 좋아해서, 인도 영화를 할리우드에 빗대 '발리우드'라고 부릅 니다. 옛날 인도 수도가 뭄바이였는데, 영어로는 봄베이Bombay라고 불 렀습니다. 제일 앞 철자 B를 따서 '발리우드'라고 부르고 있습니다.

인도를 거친 뤼미에르 형제는 일본과 중국, 그리고 미국으로 진출 합니다. 이들 나라가 1896년에 처음으로 영화를 받아들입니다. 우리 나라는 1910년대가 돼야 영화를 수입하게 됩니다. 일본을 거쳐서 다 소 늦게 들어온 것이죠. 영화를 빨리 받아들인 나라들은 자기네 영화 를 발전시키는 계기를 차근차근 만들어 갔습니다.

### 🌸 상하이에서 시작된 중국 영화

1896년 중국에 처음 들어온 영화는 상하이에서 상영됐습니다. 상하 이에 조계지가 있었기 때문입니다. 중국학교 첫 번째 주 강의에서 〈점 석재화보〉에 대한 이야기를 들으셨죠? 19세기 말에 영국과 미국, 프랑스의 조계지가 상하이에 있었습니다. 덕분에 외국인이 많이 살았고, 영화관도 많이 건설됐습니다. 지금도 상하이에 가면 그때 만든 영화관들이 그대로 남아 있습니다.

상하이를 남북으로 가르는 황푸 강을 잘 아실 겁니다. 지금은 이 강의 동쪽인 푸둥 지역이 서울의 강남처럼 엄청나게 발전했지만, 불과 40여 년 전만 해도 갈대밭밖에 없었습니다. 개발할 엄두도 못 내던 곳이었습니다. 원래 상하이 중심지는 서쪽이었죠. 와이탄外灘이라고 부르는 곳을 시작으로 현성縣城이 있었고, 북쪽으로 시 중심지인 인민광장이 나오는데, 그곳에 영화관이 우후죽순으로 들어섰습니다.

이런 기반이 있었기 때문에 1896년부터 1905년까지 약 10년 동안 중국에서 영화는 대부분 상하이를 중심으로 상영됐습니다. 그러나 중국에서 처음 영화가 만들어진 곳은 베이징입니다. 1905년에 중국 최초의 영화를 베이징의 펑타이豐泰 사진관이 제작했습니다. '펑타이'는 이곳 주인인 런칭타이任慶泰가 자기 이름과 자字에서 한 글자씩 따서 만든 것입니다. '자'는 무엇인지 아시죠? 성인이 될 때 지어 주는 이름을 자라고 합니다. 당사자가 어떻게 자랐는지 잘 아는 아버지의 친구나 스승이 새 이름을 가지라는 뜻에서 지어 주는 거죠. 런칭타이는 일본에서 사진술을 배워와서 베이징에서 사진관 하던 사람입니다.

그 당시 서양 사람들이 들어와서 영화를 상영만 한 게 아니라 촬영도 했습니다. 촬영하면 현상도 하고 인화도 해야 하는데, 베이징에 있는 펑타이 사진관에 와서 도움을 청했나 봅니다. 원래 고정된 사진만 취급하는 곳이었지만, 서양인이 움직이는 사진을 인화하는 걸 보고 나도 찍어봐야겠다는 마음이 들었겠죠? 처음으로 찍은 작품이 1905년에 찍은 〈정군산定軍山〉이라는 영화입니다. 잘 아시겠지만 삼국지에 나오는 전투의 한 장면입니다. 정군산에서 벌어진 전투로 촉나라 황충黃忠 장군이 주인공입니다. 원래 경극京劇으로 공연되던 것입니다. 서양에선 베이징 오페라Beijing opera라고 부르죠? 그 한 대목을 영화화한 것입니다.

주인공은 탄신페이譚鑫培였습니다. 경극에서 실제 주인공을 맡았던 사람입니다. 탄산페이가 사진관으로 직접 가서 경극 복장을 입고 분장을 한 뒤, 런칭타이가 그를 뒤뜰로 데려가 카메라를 설치하고 거기서 연기를 하라고 했답니다. 그러나 안타깝게도 이때 찍은 필름은 남아 있지 않습니다. 1909년쯤 이 사진관에 불이 났는데, 그때 소실되지 않았나 싶습니다. 런칭타이가 이 작품 말고도 10편 가까이 찍었는데 그때 다 사라졌습니다. 문자로 된 기록만 남아 있어서 그렇게 알고 있을 뿐입니다.

당시에는 카메라를 굉장히 무서워했다고 합니다. 영화가 상영될 때 사고가 몇 번 있었기 때문입니다. 서태후가 칠순을 맞았을 때 서양에 다녀온 사절들이 영사기를 생일선물로 가져왔다고 합니다. 궁궐 안에서 트는데, 필름이 돌아가다가 열 때문에 엉겨 붙으면서 불이 나고 영사기가 폭발하는 사건이 벌어졌습니다. 이 일 말고도 비슷한 일이 두세 건 연달아 일어났다고 합니다. 카메라가 굉장히 위험하다고 인식할 만했습니다.

경극 복장을 한 탄신페이

탄신페이의 연기를 찍은 런칭타이도 마찬가지였습니다. 언제 이게 터질지 모른다 싶으니 카메라를 고정해 놓고 10미터쯤 밖에서 지켜보며 연기 지시를 했답니다. 영화가 되려면 배우의 움직임이 카메라 프레임 안에 들어와야 하잖아요. 그런데 나중에 보니까 손을 올리면 손이 잘리고, 일어서거나 다가서면 목이 잘리는 일이 다반사로 일어났습니다. 이처럼 불완전한 상태로 중국 최초의 영화가 제작됐습니다.

물론 이런 내용도 책에서 확인한 것입니다. 경극을 바탕으로 중국 최초의 영화가 만들어졌다는 사실을 지금은 공인된 것으로 인정합니다만, 학문적으로는 여전히 문제 제기를 하지 않을 수 없습니다. 문서자료 같은 방증은 있을 수 있지만, 그것이 아무리 많아도 보조자료일 뿐입니다. 핵심자료는 필름 그 자체인 거죠. 그게 있어야 합니다. 하지만 최근에는 중국 런칭타이의 영화가 최초의 영화라고 일반적으로 인정하는 추세입니다.

사진은 주인공인 탄신페이가 경극 복장을 한 장면입니다. 그러나 영화의 한 장면을 찍은 스틸 컷인지 경극의 한 장면을 찍은 것인지 알 도리가 없습니다. 인터넷에는 영화 〈정군산〉의 스틸 사진이라고 퍼지고 있지만 사실인지는 확인할 수 없는 노릇입니다.

## 초창기 영화는 오락거리

여하튼 중국은 1905년에 처음으로 자기 영화를 만들었습니다. 2015년은 110주년 되는 해였습니다. 여기서 주의 깊게 봐야 할 것이 하나 있습니다. 뤼미에르 형제가 찍은 세계 최초의 영화는 일상생활을 기록한 것입니다. 반면 중국 최초의 영화는 경극, 즉 연극을 찍은 것입니다. 이것은 큰 차이입니다. 이 점 때문에 중국의 영화 전문가들이 우월감을 가지고 있습니다. 중국은 영화를 받아들인 뒤 처음부터 예술을 찍으려고 했다는 것이죠. 비록 영화를 서양에서 받아들였지만 능동적으로 중국화했다는 주장입니다.

하지만 논리적인 맹점이 없는 것은 아닙니다. 서양 영화들, 프랑스·독일·이탈리아 영화들은 굉장히 현실주의적인 영화가 많습니다. 중국은 경극을 촬영해 영화로 만들었으니 처음부터 예술로 받아들였다는 해석이 가능하긴 합니다. 그러나 영화의 촬영 대상이 된 경극이 과연 예술인가 하는 질문에 답을 할 수 있어야 할 것입니다.

경극이 과연 예술이었을까요? 물론 예술적인 측면이 있긴 합니다만, 애매한 부분도 있습니다. 실제 중국에서 경극은 예술보다는 '오락'에 가까웠던 콘텐츠입니다. 우리말로 놀잇감이었던 거죠. 중국에서 경극은 주로 차관(茶館, 찻집)에서 공연됐습니다. 차관 한쪽에 마련된 무대에서 경극을 공연하면, 사람들은 차를 마시며 떠들고 놀다가 연극을 구경하곤 했습니다. 지금도 차관에 가면 너무 시끄러워서 대화를 하기 어려울 정도입니다. 만약 경극을 예술로 봤다면 그렇게 보지는 않았겠죠?

여기서 영화를 처음 바라보는 중국 사람들의 생각을 두 가지로 뽑아볼 수 있습니다. 하나는 영화를 연극의 일종으로 생각한 것입니다. 완전히 새로운 무엇이 아니라 연극의 변형된 형태라고 봤죠. 그래서 처음 영화가 들어왔을 때 중국 사람들은 이를 '서양영희西洋影戱'라고 불렀습니다. '영희'는 그림자극이란 뜻입니다.

영희, 즉 그림자극은 옛날부터 내려오던 연극의 일종입니다. 영화가 서양에서 들어온 새로운 문물이지만 스크린에 그림이 비치면서 움직이는 것이 어디서 본 듯했던 것이죠. 중국에서 오랫동안 사랑받아온 그림자극과 비슷하다는 결론에 도달했습니다. 그래서 서양영희라는 이름이 붙었습니다.

그림자극은 고대부터 있어 온 공연입니다. 영화의 스크린 같은 흰 막을 쳐 놓고, 판으로 된 인형을 만들어 끈을 연결해 뒤에서 조작합니다. 그 인형을 움직이며 이야기를 이어갑니다. 굉장히 고도의 기술이 필요합니다. 일종의 인형극이라고 볼 수 있습니다. 다만 무대 앞이 아니라 뒤에서 한다는 차이가 있죠? 손도 움직이고 대사도 치고 노래도 부릅니다.

그림자극에 사용하는 인형

인도네시아의 그림자극 공연 모습

하지만 이 그림자극은 중국뿐만 아니라 동남아시아 여러 나라, 즉 태국, 인도네시아, 말레이시아 등에서도 전통으로 가지고 있습니다. 중국은 자기네에게서 출발해 그쪽으로 전파됐다고 주장하지만 그 반대일 수도 있고, 남방에서 북방으로 전파됐다는 설도 있습니다. 그림자극은 수천 년간 이어져온 전통 장르입니다. 중국인은 이것이 여러 면에서 영화와 비슷하다고 판단했습니다. 그렇다면 '영화도 연극이다'라고 생각한 것이죠.

영화에 대한 중국 사람들의 두 번째 생각은 '영화는 놀이다'라는 것이었습니다. 중국인은 영화를 거창한 매체로 생각하지 않았습니다. 차관의 풍경을 앞서 말씀드렸듯이 중국 사람들은 시간을 때우는 용도로 연극을 즐겼습니다. 삼국지의 정군산 전투 이야기는 어릴 때부터 이미 다 아는 이야기입니다. 그렇지만 또 하면 또 보러 갔습니다. 중국인은 연극을 기본적으로 오락의 하나로 봤습니다. 연극이 변형된 형태라고 본 영화도 당연히 오락으로 받아들였습니다. 그래서 초창기 중국 영화에 심각한 이야기나 관념을 찾아보기 어려운 것입니다.

### ✿ 연극영화

중국 영화의 실례들을 살펴보겠습니다. 1905년부터 1922년 사이에 꽤 여러 편의 영화가 만들어졌지만 다 사라졌습니다. 지금 볼 수 있는 것 중에 가장 오래된 것은 1922년 작입니다. 어떤 자료에는 1923년 작으로 표기되어 있습니다. 영화를 만드는 시점과 상영하는 시점이

영화 〈과일장수의 사랑〉

다를 수 있기 때문에 무엇을 기준으로 하느냐에 따라 연도가 들쭉날쭉합니다. 1922년에 나온 〈과일장수의 사랑勞工之愛情〉이란 영화를 소개하겠습니다. 중국어로는 '노동자의 사랑'이란 제목인데, 그렇게 해석하면 의미 전달이 잘 되지 않아 이렇게 번역했습니다.

옛날에는 소리를 못 넣어서 자막으로 대화를 보여 주었습니다. 실제 영화를 보시면 중간중간에 자막 장면이 나옵니다. 배경은 상하이입니다. 과일장수 총각이 건너편 한의원집 딸을 좋아해서 결혼하고 싶어합니다. 한의사는 장사가 잘 돼야 딸을 내줄 수 있다고 말합니다.

총각이 사는 집 위가 이른바 '구락부俱樂部'입니다. 클럽이죠. 상하이 사람들이 와서 밤새 놀기 때문에 시끄러워서 잠을 못 잘 정도입니다. 그 사람들 골탕을 먹이려고 특수한 계단을 만들어 미끄러지게 합니다. 거기서 다친 사람은 한의원으로 데리고 가는 방식으로 돈을 많이 벌게 해줬다는 내용입니다.

유튜브에도 올라와 있으니 직접 보실 수 있습니다. 과장된 연기가 인상적인데요, 누가 떠오르지 않으세요? 찰리 채플린Charlie Chaplin 같은 느낌이 듭니다. 이때 이미 상하이에는 찰리 채플린 영화가 들어와 있었습니다. 이 영화는 찰리 채플린 류의 영화를 모방해서 만든 영화라고 볼 수 있습니다. 정확하게는 찰리 채플린보다 동시대 코미디언인 버스터 키턴Buster Keaton을 더 참고한 것 같습니다. 그의 영화에 나오는 계단 장면이 이 영화와 거의 유사하기 때문입니다.

20분밖에 안 되는 이 영화는 재미있게 즐기기 위해 만들어진 것입니다. 영화 한 편 만들며 심각하게 의미 부여를 하지 않는 거죠. 또 한편으로는 영화가 연극에서 왔다고 봤기 때문에 '연극영화'를 굉장히 많이 만들었습니다. 다른 나라에서는 사실 연극영화라는 형태를 찾아보기 어렵습니다. 연극이 영화에 영향을 미치기는 하지만 장르적으로 연극영화가 자리 잡은 경우는 없습니다. 매우 중국적인 현상입니다.

연극영화의 종류는 크게 두 가지입니다. 첫 번째는 무대 위에서 연기되는 연극을 카메라로 찍은 것입니다. 두 번째는 무대를 바깥으로 끌고 나와 세트를 만들고, 그곳에서 연기하는 배우들을 찍는 것입니다. 두 가지 다 연극영화라고 부릅니다. 무대를 직접 찍은 연극영화는 아무래도 평면적이겠죠? 무대 한쪽 면만 찍으니까요. 반면 야외 세트장에서 찍은 연극영화는 사방을 다 촬영할 수 있어서 상대적으로 입체적입니다.

1980년대까지만 해도 중국 영화 제작 편수 중에 30% 정도가 연극영화였습니다. 어마어마하게 많이 제작했죠? 중국인도 연극영화를 즐겨 봤습니다. 요즘은 상대적으로 덜 만듭니다만, 지금도 상당한 양의 연극영화가 제작되고 있습니다. 이런 흐름이 홍콩 영화에도 영향을 끼쳤습니다. 1960~1970년대 홍콩 영화를 보면, 야외에서 찍었는데 연극영화의 느낌이 그대로 묻어나는 작품들이 상당히 많았습니다.

### 🎬 전쟁터가 된 중국과 영화의 고민

1930년대를 거치며 영화를 오락으로 보는 이런 시각에 변화가 일어납니다. 이 시기에 중국에서 커다란 사건이 연이어 터지죠. 1931년 9월 18일에 일본이 만주를 침공해서 점령해 버립니다. 1932년에 1월 28일에는 상하이까지 침공합니다. 조계지에는 차마 들어가지 못했습니다만, 그 밖의 중국인 거주지역은 모조리 점령합니다.

1932년 3월 1일에는 만주국을 수립합니다. 일제는 청나라의 마지막 황제 푸이溥儀를 만주국에 데려다 놓고 황제를 시킵니다. 당시 수도였던 창춘長春에 가 보시면, 푸이가 살던 궁궐이 그대로 남아 있습니다. 그때는 창춘을 새로운 수도라고 해서 '신경新京'이라고 불렀습니다. 중국인들은 이 나라를 인정하지 않죠. 할 수도 없고요. 그래서 거짓 위偽 자를 써서 '위만주국'이라 부릅니다.

푸이는 만주에서 황제 노릇하다가 일본군이 패망해서 물러나자 일본으로 망명을 하려다 실패하게 되죠. 공산 정권은 푸이를 죽이지 않습니다. 마지막 황제라는 상징성 때문이겠죠? 푸이는 그 후로 온갖 일을 하며 불우한 삶을 이어가죠. 결국에는 병 들어서 죽게 됩니다.

1937년 7월 7일에는 중일전쟁이 발발합니다. 1930년대 중국은 전쟁의 포화 속으로 돌진해 들어갔습니다. 그 전에도 여러 전쟁과 불안정한 정세를 겪긴 했지만 이때만큼 전면적이지는 않았습니다. 전쟁의 공포가 중국 전역을 엄습했습니다. 그중에서도 가장 격렬했던 곳이 상하이와 난징이었습니다. 난징에서는 1937년 12월에 대학살이 일어나지 않습니까? 당시 중국의 주요 도시가 이처럼 일본의 점령하에 들어갑니다.

당시 상하이는 중국 영화산업을 선도하던 도시였습니다. 하지만 전쟁이 벌어지니까 어떻게 영화를 찍겠어요. 많은 사람이 이때 홍콩으로 건너갔습니다. 지금이야 홍콩이 훨씬 잘 사는 것 같은 느낌이 듭니다만, 그때는 그렇지 않았습니다. 우리나라 도시도 사람들이 내심 저마다 순서를 매기지 않습니까? 서울, 부산, 대구, 대전처럼요. 이때 중국도 도시별로 나름의 순서가 있었습니다. 1930년대는 1등이 난징이었습니다. 국민당 정부의 수도였거든요. 2등이 상하이고, 3등이 홍콩이었습니다. 홍콩은 요즘 젊은 사람들 말로는 '듣보잡(듣지도 보지도 못한 잡것)'이었습니다. 근본도 없는 도시로 치부됐죠.

일본군이 상하이를 침공하면서 그곳 영화인들 일부는 중국 내륙으로 갔지만 그보다 훨씬 많은 수가 홍콩으로 갔습니다. 당시 홍콩이 영국령이었기 때문에 영화는 편하게 찍지 않을까 하는 생각이 있었습니다. 그중에 대표적인 사람으로 소씨 성을 가진 형제가 있었습니다. 이 형제가 세운 회사가 여러분도 잘 아시는 '쇼브러더스'입니다. 우리 식으로 표현하면 '소씨 형제 영화사' 정도가 되겠죠? 쇼브러더스는 우선 싱가포르에 영화사를 세웠다가 나중에 홍콩에도 제작사를 세웁니다. 이 쇼브러더스가 홍콩으로 넘어온 것을 계기로 홍콩 영화가 발전하기 시작합니다. 이런 역사적 맥락 때문에 홍콩 영화가 상하이 영화를 계승하고 있다고 봐도 무방하겠습니다.

이런 상황에서도 상하이를 지키고 있던 영화인들이 있었습니다. 그들은 새로운 고민을 하기 시작했습니다. 영화가 이 시대에 무엇을 할 수 있을까, 영화로 뭔가 해야 하는 거 아닌가. 내가 어떤 일에 종사하고 있는데 전쟁이 터졌습니다. 당장은 전쟁과 무관한 일이더라도, 이런 극단적인 상황이 벌어지면 사람들은 자연스럽게 질문하기 시작하죠. 하는 일을 가지고 이 상황에 어떻게든 기여하고 싶지 않겠습니까? 이런 고민이 영화에 대한 생각을 자연스럽게 변화시키기 시작했습니다.

또 한편으로는 이 시기에 중국 공산당 세력이 확장하고 있었습니다. 중국 공산당은 1921년에 상하이에서 창당합니다. 초기에는 계속 숨죽이고 있었습니다. 국민당에 비하면 세력도 약하고, 자금도 없고, 인력도 없었습니다. 하지만 반전의 계기가 마련되죠. 1934년에서 1936년까지 2년여에 걸친 대장정에 성공합니다. 이 과정에서 병력 손실을 많이 봅니다만, 산시陝西 성 옌안延安에 마침내 도착해서 공산당이 통치하는 이른바 '해방구'를 차립니다.

거기서 세력을 키워 국민당에 맞서기 시작하는데, 그 와중에 일본이 쳐들어오니까 국공합작을 하게 됩니다. 일본과 싸우는 과정에서 국민당이 지원한 자원과 물자가 공산당이 성장하는 데 결정적인 기여를 합니다. 어느새 공산당은 국민당에 대적할 만한 수준에 이릅니다.

당시 중국 공산당은 소련 공산당의 영향을 많이 받았습니다. 스탈린과 레닌의 영향을 많이 받았습니다. 그런데 레닌이 영화를 굉장히 좋아했던 인물입니다. 이를 계기로 중국 영화가 소련 영화의 영향을 받게 됩니다. 마오쩌둥은 영화를 그다지 신뢰하지 않았습니다만, 공산당 조직은 영화가 단순한 오락거리가 아니라는 걸 깊이 이해하고 있었습니다. 영화가 사람의 마음을 움직일 수 있는 도구라고 생각했던 것입니다.

영화를 보면 기뻐하든지 슬퍼하든지 분노하든지, 어떤 형태로든 심리와 정서가 움직인다는 사실을 알게 됐습니다. 영화를 보면 사람들의 마음이 바뀌고, 마음이 바뀌면 생각이 바뀌고, 생각이 바뀌면 행동도 바뀔 수 있다고 믿었습니다. 그 행동을 바꾸기 위해 자기들이 옳다고 여기는 사상을 영화에 투사했습니다. 사람들을 생각하게 하고, 슬프게 하고, 분노케 하고, 그 분노와 슬픔으로 일어서게 하고, 행동하게 해야 한다고 생각했습니다.

히틀러 같은 독재자도 영화를 활용하는 데 굉장한 노력을 기울였습니다. 중국 공산당도 영화를 선전도구로 이용했습니다. 1937년에 만들어진 '중화전국문예계항적협회'가 대표적인 조직입니다. 여기서 '적'은 물론 일본입니다. 문예계 사람들이 문학과 예술을 가지고 일본에 대적하자는 조직이었습니다. 영화계도 물론 여기에 참여했습니다. 이를 계기로 영화가 단순한 오락거리에서 벗어나 점점 현실을 반영하게 됩니다. 중국 사회의 모순을 다루기 시작합니다. 가난한 노동자들의 삶, 일본인에 대한 적개심 등이 화면을 채우게 됩니다.

• 중국의 현실을 담은 영화 〈신녀〉
공산당이 직접 제작한 영화는 아닙니다만, 당시 현실의 모순을 다룬 대표작이 바로 〈신녀神女〉입니다. 1934년 작품입니다. 상하이는 당시 신흥도시였습니다. 일자리를 찾아 많은 이주민이 들어와서 살았습니다. 신도시니까 다양한 일자리가 있었습니다. 물론 건축업이 가장 많았겠죠? 그러나 여자들이 이 도시에서 특별히 먹고살 방법이 없었습니다. 여자들은 거의 유흥업소로 빠져들었습니다. 남자들의 유흥을 위한 클럽과 주점이 상하이에 많이 있었습니다.

자연히 상하이에 몸 파는 여성들이 굉장히 많아집니다. 그러나 여기에도 등급이 있었습니다. 고급 클럽에 종사하며 몸을 파는 여성부터 길거리에서 남자들을 유혹해 몸을 파는 여성까지 다양했습니다. 영화 〈신녀〉는 길에서 몸을 파는 여성의 이야기를 다룬 영화입니다.

주인공 롼링위阮玲玉는 그때 20대 초반이었습니다. 중국 영화사에서 가장 위대한 여배우로 지금도 추앙받고 있습니다. 그러나 안타깝게도 25세에 자살하며 생을 마감합니다. 결혼을 세 번 했는데 그때마다 대중매체에 오르내렸습니다. 관련 스캔들이 하루가 멀다고 대서특필됐습니다. 이를 견디지 못하고 독극물을 먹고 자살한 것입니다.

다음 쪽 사진의 롼링위가 입고 있는 옷이 당시 상하이에서 유행하던 '치파오'입니다. 치파오는 원래 청나라 사람들이 입던 통이 큰 옷입니다. 소매도 크고 일자입니다. 그런데 상하이 여성들이 입기 시작하며 라인이 살아나고, 몸에 착 달라붙었습니다. 허벅지를 얼마나 트느냐가 매력 포인트였습니다.

주인공은 상하이에서 남편 없이 혼자서 아들을 키우는 여성입니다.

영화 〈신녀〉의 주요 장면

아들을 먹여 살릴 방법이 도저히 없으니까, 길에서 몸을 팔아 그 돈으로 아들을 키웁니다. 엄마이자 창녀라는 이중적인 캐릭터입니다. 그런데 비운의 여성 옆에는 항상 나쁜 남자가 등장하죠? 뚱뚱하고, 덩치 크고, 힘이 셀 것 같은 남자가 걸핏하면 찾아와서 벌어 놓은 돈을 뺏어갑니다. 돈만 가져가지 않고 또 못살게도 굽니다. 이사를 가고 도망가고 해도 쫓아와서 못살게 굽니다. 참다못한 주인공이 남자를 살해합니다. 체포되어 감옥에 들어가 살면서 아들을 걱정하는 장면으로 영화는 끝이 납니다.

상하이란 도시 공간에서 한 여성이 가졌던 이중적이고 모순된 신분을 그린 영화입니다. 엄마로서의 가장 성스러운 신분과 창녀라는 가장 저속하고 세속적이고 타락한 인간의 모습이 한 인물 안에서 묘사됩니다. 상하이란 도시가 갖고 있는 문제와 모순이 이 주인공을 통해 잘 표현됩니다. 그래서 지금까지도 중국의 많은 영화 전문가는 중국 영화사에서 한 영화만 꼽으라면 주저하지 않고 이 영화를 선택합니다. 이 영화는 우리나라에서도 상영된 적이 있습니다.

이처럼 상하이의 현실을 보여 주는 영화가 나왔다는 사실은 의미심장합니다. 1930년대만 해도 여성의 문제, 여성 인권을 중요하게 생각하던 때가 아닙니다. 전 세계적으로도 여성문제가 이제 막 대두하던 시기입니다. 여성 인권에 대한 논의가 1900년대 초반부터 시작됐으니 아직 사회적인 문제로 자리 잡기 전이라고 봐야 합니다. 그런데 바로 이때 도시 속의 여성문제를 정면으로 다룬 영화가 중국에서 나왔다는 사실은 놀랍습니다.

## • 애국심을 일깨우려 했던 〈대로〉

같은 해에 〈대로大路〉라는 영화도 개봉됐습니다. 이 작품은 중국 젊은이들이 '왜 우리가 못 살게 됐나', '왜 일본의 침공을 받게 됐나'를 고민하면서 '우리가 열심히 일하지 않아서'라고 결론을 내린 뒤 도로를 닦는 현장에 들어가는 이야기입니다. 〈대로〉는 앞부분이 유성영화입니다. 중국에서 유성영화가 처음 제작된 때는 1931년입니다. 그 전에는 모두 무성영화였습니다. 앞에 말씀드린 〈신녀〉는 1934년에 만들어졌지만 무성영화로 제작됐습니다.

'우리는 길을 닦는 선구자'란 것이 이 영화의 메시지입니다. 첫 장면부터 남자들이 옷을 벗고 나오는데요, 중국 영화의 '상의탈의' 전통이 여기서 시작됐습니다. 장이머우張藝謀 감독의 〈붉은 수수밭〉을 봐도 초반에 남자들이 가마 끌고 웃통을 벗은 채로 나옵니다. 지아장커賈樟柯 감독이 만든 영화에도 남성들의 상의 탈의는 자주 등장합니다. 예나 지금이나 남성의 신체를 상품화했던 영화라고 볼 수 있습니다

사진에 뚱뚱한 사람이 〈신녀〉에서 못된 기둥서방 역을 한 사람입니다. 앞에 근육남이 김염金炎이라고 조선 사람입니다. 조선 출신의 스타였습니다. 할아버지 때부터 시작해 아버지와 어머니가 독립운동을 한 집안 출신입니다. 두 살 때 의사인 아버지를 따라 만주로 이주했는데, 거기서 아버지가 일본인에게 독살당합니다. 고모와 이모 댁을 전전하

영화 〈대로〉의 한 장면

다가 15~16세 때 배우를 꿈꾸며 상하이에 들어옵니다.

당시만 해도 남자 배우가 드물었습니다. 김염은 키도 훤칠하고 중국어도 유창했습니다. 1930년대 중국에서 제일 잘나가는 배우로 자리를 잡았습니다. 당시에도 유명 영화잡지가 많았는데 인기투표를 하면 매번 김염이 1등을 했습니다. '영화 황제'라는 별명이 붙을 정도였습니다. 김염은 1949년 공산당이 정권을 잡았을 때 입당을 해서 영화활동을 계속 이어갔습니다. 중국 내 조선인 문제에도 관여했다고 합니다. 나이가 들어 위가 안 좋아져 수술을 했는데, 그게 잘못돼서 병상에서 일어나지 못하고 1970년대에 사망했습니다.

국내에는 공산당 활동을 했다는 이유로 알려지지 않다가, 1990년대 후반 일본인인 스즈키 쓰네카쓰鈴木常勝가 김염의 행적을 추적해서 쓴 《상해의 조선인 영화황제》라는 책이 알려지면서 국내에도 소개됐습니다. 우리나라에서는 실천문학사에서 번역해 발간했습니다. 이를 계기로 KBS에서도 다큐멘터리를 만들었고, 외손녀가 수기를 쓰기도 했습니다. 김염은 2000년대 이후 새롭게 조명을 받으면서 한국과 중국 사이를 오가며 영화활동을 했던 사람으로 기록되고 있습니다.

〈대로〉는 조국을 위해 뭔가 새로운 건설에 나서자며 애국심을 호소하는 영화입니다. 1930년대 영화는 이렇게 현실에 관심이 많았습니다. 영화를 통해서 세상을 조금은 바꿀 수 있지 않을까 생각했고, 그 신념이 반영되어 영화로 기획되었습니다.

1949년 10월 1일에 중화인민공화국이 수립됩니다. 중국의 대표적인 국경절이죠. 바로 국민당 장제스가 타이완으로 쫓겨간 날이기도 합니다. 이날을 기점으로 중국이 세 개로 나뉩니다. 하나는 대륙 중국이고, 다른 하나는 홍콩 중국, 나머지 하나는 타이완 중국입니다. 한동안은 대륙과 홍콩 사이에 오갈 수 있는 통로가 있었습니다만, 얼마 안 있어 막히게 되면서 두 중국은 단절됩니다. 반면 타이완과 홍콩은 이념적으로 가까워서 상대적으로 친하게 지냈습니다.

상하이 영화인들이 중일전쟁과 함께 홍콩으로 대거 이주했다는 사실은 이미 말씀드렸습니다. 전쟁 이전의 중국 영화는 놀잇감으로 오락성을 추구했는데요, 그 전통이 홍콩 영화에 그대로 반영됩니다. 홍콩 영화라면 어떤 것이 떠오르시나요? 무협, 코미디, 강시, 누아르 등이 떠오르죠? 다분히 상업적이고 오락적인 영화로 발전해 갑니다.

1971년에 나온 후진취안(胡金銓, 호금전) 감독의 〈협녀俠女〉가 대표적입니다. 후진취안은 홍콩의 영화감독이었지만 촬영은 타이완에서 했습니다. 〈와호장룡〉을 찍은 리안李安 감독을 잘 아시죠? 그 영화의 대표적인 장면이 바로 대나무 숲 싸움 신입니다. 그런데 이 장면이 후진취안의 〈협녀〉에서 그대로 따온 것입니다. 영화 용어로 '오마주'라고 하죠? 자기가 존경하는 감독의 작품에서 특정한 부분을 따와 자기 영화에 적용하는 방법입니다.

〈협녀〉는 무려 3시간짜리 영화입니다. 2015년에 서울아트시네마에서 다시 상영하기도 했습니다. 이 작품이 1975년에 칸 국제영화제에서 기술상을 수상했는데요, 수상 40주년을 기념해 프랑스와 타이완이 디지털로 다시 만들어서 세계적으로 상영하게 된 것입니다. 국내에서는 영화관에서 상영됐을 뿐만 아니라 DVD로도 출시됐습니다.

그 당시 후진취안과 쌍벽을 이룬 홍콩 감독이 장처(張徹, 장철)입니다. '외팔이' 시리즈로 유명한데요, 이 시리즈는 1970년대 한국에도 들어와서 폭발적 인기를 끌었습니다. 역시 무협 영화였죠. 홍콩 누아르 영화의 시작은 우위썬(吳宇森, 오우삼) 감독의 1986년 작인 〈영웅본색英雄本色〉입니다. 이 작품 때문에 저우룬파(周潤發, 주윤발)와 장귀룽(張國榮, 장국영)이 엄청난 인기를 끌었습니다. 이 영화가 나올 때 제가 고등학교 1학년이었는데요, 시내 재개봉관, 삼개봉관을 찾아다니며 관람했던 기억이 있습니다. 당시 개봉관은 단성사, 피카디리 정도였고 나머지는 재개봉관, 삼개봉관이었습니다. 청량리, 안암동, 동소문동 등에 주로 있었습니다. 한번 돈 내고 들어가면 두세 편씩 보고 나오는 시스템을 여러분도 잘 아시죠? 〈영웅본색〉은 너무 슬프고도 재밌는 영화입니다.

누아르noir는 프랑스어로 '검다'는 뜻입니다. 원래는 미국 할리우드에서 만들어진 갱스터 영화가 원조입니다. 프랑스 평론가들이 보고 화면이 너무 어둡다고 붙여 준 이름입니다. 그 갱스터 영화 스타일을 우위썬 감독이 홍콩으로 가져와서 홍콩 갱스터 영화를 만든 것입니다. 최초의 누아르 영화가 대박을 터트리면서 '홍콩 누아르'가 하나의 장르로 자리를 잡게 됩니다.

대륙 영화는 공산당이 접수했습니다. 공산당은 영화가 생각과 행동을 바꾸는 도구라고 여겼습니다. 덕분에 공산 체제하에서 리얼리즘과 혁명 영화가 발전했습니다. 1972년 작인 〈홍색낭자군紅色娘子軍〉이 대표적입니다. 이것도 연극영화의 하나입니다. '혁명무극'이라 해서 발레극을 영화로 촬영한 것입니다. 하이난 섬의 여성 노동자들이 지주에 맞서서 투쟁하는 이야기를 그린 영화입니다.

이 영화는 문화대혁명 시기에 만들어졌습니다. 문화대혁명은 1966년부터 1976년까지 10년간 계속됐습니다. 이를 주도했던 4인방을 잘 아실 겁니다. 그중 하나가 마오쩌둥의 부인인 장칭江青입니다. 장칭은 배우 출신입니다. 1930년대에 상하이에서 배우 노릇을 했습니다. 그렇게 잘나가는 배우는 아니었습니다. 당시에는 롼링위라는 슈퍼스타가 있었으니까요.

장칭이 권력을 잡고 제일 먼저 한 일은 상하이 시절 자기를 써주지 않은 감독들을 숙청하는 것이었습니다. 장칭 앞에서 멋모르고 1930년대 이야기를 하면 바로 숙청당했습니다. 어릴 때 친했던 코흘리개 친구가 출세했다고 어느 날 찾아가서 옛날이야기를 꺼내면 절대 좋아할 수가 없겠죠? 자기의 가장 못나고 숨기고 싶은 모습을 알고 있기 때문일 겁니다.

장칭은 영화에 대한 콤플렉스가 심해서 본인이 직접 영화계를 좌지우지했습니다. 영화 만들 때 자기 말을 꼭 듣게 만들었습니다. 영화

영화 〈홍색낭자군〉의 한 장면. 삼돌출 원칙에 따라 빨간색 옷을
입은 주인공을 부각시켰다.

만드는 규칙을 제정해 반드시 지키도록 했습니다. 하지만 영화는 창의력의 산물이지 규칙의 산물은 아니지 않습니까? 잘될 리가 없겠죠? 예를 들어 '삼돌출 원칙'이란 게 있었습니다. 첫 번째가 '모든 인물 중 긍정적인 인물을 돌출시킨다'이고, 두 번째가 '긍정적인 인물 중 영웅 인물을 돌출시킨다'이며, 마지막 세 번째가 '영웅 인물 중 주요 영웅 인물을 돌출시킨다'는 내용이었습니다. 영화 창작에 확고한 가이드라인을 제시한 것입니다. 여기에 조금이라도 어긋났다 싶으면 통과가 안 됐습니다. 수십 번, 아니 수백 번을 고쳐서라도 장칭의 마음에 들어야 했습니다.

　그렇게 어렵게 통과한 영화 중에 하나가 바로 〈홍색낭자군〉이었습니다. 여자 주인공이 묶여 있다가 줄을 끊고 도망을 가는데 잘 보시면 삼돌출 원칙이 잘 적용돼 있습니다. 주인공이 입고 있는 빨간색 옷이 보이죠? 같은 농노라도 주인공을 부각시키기 위해 빨간색 옷을 입힌 겁니다. 빨간색이 중국에서 중요한 의미를 갖는다는 사실은 아시죠? 까만색에 대비되는 빨간색입니다. 클로즈업도 항상 이 여자 주인공을 중심으로 합니다.

이런 까다로움 때문에 문화대혁명 시기에 중국 대륙 전체에서 만들어진 영화 편수가 12~13편밖에 안 됐습니다. 영화 만들기 자체가 어려웠던 시절입니다.

### 🌸 5세대, 6세대 감독

문화대혁명이 끝나고 1980년대가 되면서 이른바 '5세대 감독'들이 등장합니다. 중국에서 영화인을 길러내는 대표적인 교육기관은 '베이징영화아카데미北京電影學院'입니다만, 문화대혁명 기간에는 다른 학교와 마찬가지로 폐교됩니다. 혁명이 끝나고 1978년에 다시 개교하는데 이때 9월에 입학해서 1982년 8월에 졸업한 사람이 천카이거陈凯歌, 장이머우, 황젠신黄建新 등입니다. 이들이 아카데미의 5회 졸업생이라서 '5세대 감독'이란 별칭이 붙었습니다.

이들의 활약으로 중국에도 새로운 영화가 등장합니다. 〈하나와 여덟〉이란 작품은 잘 알려져 있지 않습니다만, 천카이거의 〈황토지黃土地〉는 5세대 감독들을 세계에 알리는 중요한 계기가 됐습니다. 1984년에 만들어진 이 작품은 1937년 중국 공산당 문예선전대가 궁벽하고 폐쇄적인 시골에서 민요를 채집하는 과정에서 생긴 이야기를 다루고 있

천카이거의 〈황토지〉. 이 영화는 특이한 구도로 세계인을 깜짝 놀라게 했다.

습니다. 선전대는 민요를 채집하던 중 어린 소녀를 만나게 되는데, 이런 좁은 세상 말고 넓은 세상이 있으니 한 번 나가보라고 소녀를 격려하게 됩니다. 소녀는 선전대의 말을 듣고 시골을 떠나 새로운 삶을 찾아 나간다는 내용으로 이뤄져 있습니다.

이 영화가 서양 영화제에 소개되면서 세계 영화인들이 깜짝 놀라게 됩니다. 영화의 구도가 처음부터 매우 특이했습니다. 영화도 카메라로 사진 찍는 것과 유사하지 않겠습니까? 보통 하늘과 땅의 비율을 하늘 70~80%로 잡고 땅을 20~30% 정도로 채웁니다. 그러나 이 영화는 사람이 등장하지 않는 첫 장면에서 그 일반적인 구도를 과감하게 역전시킵니다. 땅 비율을 90% 정도까지 늘리고 하늘을 10% 정도밖에 안 남겨 놓습니다. 지금이야 그럴 수 있겠다 싶지만, 1980년대 초만 해도 이렇게 찍는 사람이 아무도 없었습니다. 서양 영화인들이 깜짝 놀랄 수밖에 없었습니다.

서양 영화인들은 궁금했습니다. 도대체 감독이 누구냐? 주인공은 바로 5세대 감독 천카이거였습니다. 촬영은 동급생인 장이머우가 했습니다. 둘이서 이 영화를 함께 찍으면서 한 가지 원칙은 꼭 지키자고 다짐했다 합니다. 어디선가 본 것 같은 장면은 다 배제하자는 것이죠. 세상에서 한 번도 본 적이 없는 화면만 만들자고 의기투합했습니다. 그래서 나온 영화가 바로 〈황토지〉입니다.

이들 5세대 감독들은 서양 영화제에서 엄청난 인기를 얻었습니다. 새로운 중국 영화를 세계 영화인들이 두 손 들어 환영하고 찬사를 보냈습니다. 그러나 이들의 해외 영화제 참가 활동은 당시 중국 법상 불법이었습니다. 하지만 천카이거와 장이머우가 세계적으로 너무 유명해지는 바람에 중국 정부도 이들을 함부로 다룰 수가 없었습니다.

이 감독들이 다시 국내로 들어올 때 정부와 일정한 타협을 합니다. 정부가 정한 규율과 법칙, 제도를 지키는 데 동의하고 입국했습니다. 그들은 약속대로 정부 입맛에 맞는 영화를 제작하기 시작했습니다. 장이머우는 1999년 작인 〈책상서랍 속의 동화〉에서부터 바뀌기 시작했습니다. 이제는 완전히 중국 정부를 대변하는 예술가로 자리 잡은 것 같습니다. 2008년 베이징 올림픽 개·폐막식을 총연출한 감독이 장이머우란 사실은 다들 잘 아시죠? 지금은 '인상印象 시리즈'라고 호수 위에서 펼치는 공연을 감독해 큰 수입을 올리고 있습니다.

5세대 감독들의 변신을 바라보며 6세대 감독들이 등장합니다. 어떻게 친親정부적인 영화를 만들 수 있는가, 영화의 비판적인 기능을 다

잊었느냐며 문제 제기를 합니다. 대표적인 감독이 지아장커賈樟柯입니다. 지아장커 감독은 중국의 궁벽한 시골마을을 돌아다니면서 자기가 옛날 살았던 일상적인 모습 그대로 찍는 걸로 유명합니다. 카메라도 거의 움직이지 않고, 롱테이크로 화면을 담아냅니다. 지루한 이야기들이 연속되고, 그것을 엮어서 이야기를 만들어 갑니다.

중국 영화는 이들 5·6세대 감독으로 이어지면서 예술적으로 인정받기 시작했습니다. 이들이 등장하기 전까지 중국은 자기 힘으로 영화를 처음 만들기 시작한 이래 단 한 번도 영화를 예술이라고 생각해 본 적이 없었습니다. 영화는 오락 아니면 세상을 바꾸는 도구였습니다. 그러다가 5·6세대 감독들이 등장하면서 영화도 예술일 수 있지 않을까 하는 희망을 갖게 됐습니다. 그러나 여기서도 예술은 미학적이기보다는 현실과 연계된 리얼리즘적 요소가 강한 예술이었습니다.

### 🌸 산업으로서 현대 중국 영화의 고민

오늘날의 중국 영화는 어떤 길을 걷고 있을까요? 이제 중국 영화인들은 영화가 돈이 될 수 있다는 사실에 주목하기 시작했습니다. 오늘날 중국 영화산업의 목표는 두 가지입니다. 첫째는 영화를 통해 공산 이데올로기를 지키는 것이고, 둘째는 영화산업을 일으키는 것입니다.

2014년 중국 영화 통계를 개략적으로 살펴보겠습니다. 한 해 동안 극영화 618편이 제작됐습니다. 미국에 이어 세계 2위 기록입니다. 2013년에 제작된 648편에 비해서는 다소 줄어들었습니다만 전체적으로는 빠르게 증가하고 있습니다. 중국 박스오피스 매출이 296.39억 위안, 약 300억 위안으로 집계됐습니다. 여기에 곱하기 200을 하면 우리나라 돈입니다. 환산하면 6조 원 규모의 매출입니다. 전년 대비 36.15%나 증가했습니다. 중국 영화로만 계산했을 때는 161.55억 위안 입니다.

그리고 자국 영화의 시장 점유율이 54.51%를 기록했습니다. 대단 한 비율입니다. 자국 영화 비중이 50%를 넘는 나라는 세계에서 매우 드문데 그중에 대한민국도 들어 있습니다. 대부분의 나라는 할리우드 의 미국 영화가 압도적인 비중을 차지합니다. 영화 종주국인 프랑스 도 40%를 못 넘깁니다. 우리나라는 60%에 육박하고 있습니다. 중국 영화가 해외로 수출되는 경우는 상대적으로 적습니다. 18.7억 위안을 벌어들였다고 합니다. 하지만 전년 대비 32.25% 성장한 수치입니다. 이 부분에 대해 중국 정부도 집중적으로 투자하고 있습니다.

이제 시장의 추세를 한 번 살펴보겠습니다. 2014년 한 해 도시 중심 의 영화관객이 8.3억 명으로 집계됐습니다. 전년 대비 34.52% 증가했 습니다. 그러나 전체 인구를 비교해 보면 적은 것입니다. 우리나라는 인구당 1년 평균 1.2번 영화관을 찾는 것으로 집계됩니다. 현재 중국 인구가 13억을 넘었고 혹자는 15억까지도 추정합니다. 최소 숫자인 13억 명이라고 해도 1인당 0.6~0.7회에 불과합니다. 아직 성장할 여 력이 많다는 뜻이겠죠? 이런 잠재력을 가진 시장이다 보니 여기에 들 어가려고 미국도 눈독을 들이고, 한국도 눈독을 들이고 있습니다. 영화관은 한 해 동안 1,015곳이 늘었고, 스크린 수는 5,397개가 증가했습니다. 어마어마한 증가입니다.

이런 통계를 볼 때 앞으로도 중국 영화산업은 호조세가 이어질 것 같습니다. 어떻게 만들면 돈이 된다는 것도 이제 좀 알게 된 것 같습니다. 그러나 깊은 고민이 바로 여기에 있습니다. 돈은 이제 좀 되는데, 영화란 것이 돈만의 문제가 아니기 때문입니다. 경제는 이미 미국을 초월한 것 같습니다. 과학기술은 턱밑까지 따라붙었고, 군사적으로도 항공모함 수는 좀 적지만 미국에 육박하고 있습니다. 정치적으로는 인권문제로 비판을 좀 받습니다만, 내치의 문제이니 나름의 논리로 방어하고 있습니다. 그런데 유독 영화를 비롯한 대중문화는 미국을 못 따라잡고 있습니다. 어림잡아 30년 이상 뒤떨어져 있다 해도 과언이 아닙니다.

중국이 어떤 나라입니까? 세계 4대 문명 발상지 중 하나로 황하문명을 일으켰던 5천 년 문화민족 아닙니까? 중국이 외세에 짓눌려 못 살던 때는 19세기 말부터 1980년대까지 약 100년뿐입니다. 청나라 때까지만 해도 전 세계에서 가장 잘살던 나라였습니다. 당나라, 송나라, 명나라 등 어마어마했지 않습니까? 마르코 폴로가 와서 '다 황금으로 돼 있다'고 감탄했던 나라입니다. 물론 비유적인 표현이었겠지만 자기 나라보다 훨씬 더 잘살아서 그렇게 표현할 수밖에 없었을 겁니다.

5천 년 문화의 자존심을 가지고 있는 나라에서 도저히 용납할 수 없는 사건들이 일어났습니다. 대표적인 게 1998년 디즈니에서 만든

〈뮬란Mulan〉입니다. 이 작품은 위진남북조 시대에 쓰인 서사시 '목란사
木蘭辭'를 토대로 만든 애니메이션입니다. 북쪽에서 흉노족이 쳐들어오
자 집집마다 병사를 징집해야 하는 상황이 벌어졌습니다. 뮬란(목란)이
살고 있는 집에는 남자가 병든 아버지밖에 없었습니다. 그래서 뮬란
이 아버지 대신 남장을 하고 전쟁에 나가서 혁혁한 공을 세운다는 이
야기입니다.

실제 기록된 분량은 A4용지 반 페이지밖에 안 되는 짧은 이야기입
니다. 디즈니가 이 스토리를 가져가서 귀뚜라미도 만들고 용도 만들
어서 뮬란이란 캐릭터를 완성했습니다. 전 세계에 팔아먹고 엄청나게
돈을 벌어들였습니다. 우리나라에서도 상영해서 제법 흥행을 했습니
다. 그때만 해도 중국 영화계는 얼떨떨한 상태였습니다. 상황 파악이
제대로 안 됐던 거죠.

그로부터 10년 뒤에 〈쿵푸팬더Kung Fu Panda〉가 나왔습니다. 드림웍
스가 제작한 애니메이션입니다. 쿵푸는 중국을 상징하는 무술 아닙니
까? 게다가 팬더(판다)는 중국의 국보죠. 둘 다 중국을 상징하는 요소
입니다. 그런데 미국의 드림웍스가 이 두 가지를 가지고 재미있는 애
니메이션을 만들어 전 세계에 팔아먹었습니다.

이해에 베이징 올림픽이 열렸습니다. 중국인들의 정서적 분노가 대
단했습니다. 자기네 것을 미국이 가져가서 실속을 제대로 챙긴 것입
니다. 한편으로는 반성의 계기도 됐습니다. 우리는 왜 못 만들지? 이
런 의문이 들었습니다.

그 이후로 중국이 콘텐츠 창작 부분에 엄청나게 신경을 쓰고 있습니다. 영화와 애니메이션을 하루속히 중흥시켜서 미국을 따라잡자고 독려하고 있습니다. 국가적 목표도 세우고 자본 투자와 기술 개발, 인력 양성에 집중하고 있습니다. 물론 하루아침에 될 일은 아닙니다. 돈이 많다고 될 일도 아닙니다. 그래서 중국 영화계는 요즘 좋은 시나리오를 열심히 찾고 있습니다. 시나리오만 좋다면 중국은 대환영입니다.

당장 미국을 쫓아가기에 버거워서 한국을 징검다리 삼아 활용하고 싶어 합니다. 한국과 합작을 해서 기술과 고급 인력을 빨리 키우고 싶어 합니다. 지금은 열심히 배우는 중입니다. 이런 과정을 통해 미국을 초월하는 세계 제일의 대중문화 대국이 되고 싶어 합니다.

지금은 한류가 중국에서 유행하지만 앞으로 10년 안에 우리가 새로운 시스템과 내용을 발굴하지 못한다면 중국에 추월당할 겁니다. 사실 한류도 우리가 100% 창조한 것이 아닙니다. 홍콩과 일본, 미국의 대중문화 보면서 배운 것입니다. 중국이 머지않아 앞서 나갈 것입니다. 우리가 중국의 이런 움직임에 잘 대응하지 못하면 중국 애니메이션을 제작해 주는 하청업체, 텔레비전 프로그램을 제작해 주는 하청업체, 영화산업의 하청업체로 전락할 가능성도 매우 높습니다.

*사진: 사진: Search255 at zh.wikipedia.org (31쪽 위), The Children's Museum of Indianapolis (31쪽 아래), Gunawan Kartapranata at en.wikipedia.org (32쪽), 임대근 제공(그 외 사진)

영화라는 말은 중국이 했나요, 일본이 했나요?

A 영화는 일본 말입니다. 중국에서는 지금도 '전영電影'이란 말을 사용합니다. 초기에는 활동사진이라고 불렀습니다만, 전영이란 말을 쓰면서 정착됐습니다. 사실 우리가 쓰고 있는 용어 상당수가 일본에서 번역한 것입니다. 메이지 유신 이후에 쏟아져 들어오는 서양문서를 일본이 대대적으로 번역했습니다. 그래서 일본에서 번역학이 발달했습니다.

예를 들어 '사회', '과학', 이런 말도 모두 일본 학자들이 번역한 것입니다. 소사이어티society는 사회社會라고 번역합니다. 서양에서는 소사이어티의 실체가 있어서 경험적으로 이해합니다만, 동양 사람들은 개념으로만 이해해야 하니 모호할 수밖에 없습니다. 이렇게 저렇게 고민하다가 사회라고 번역했는데요, 이 한자 조합을 뒤집으면 '회사會社'가 됩니다. 컴퍼니company를 이렇게 번역한 것이죠. 같은 조합입니다. 사이언스science도 마찬가지입니다. 번역은 과학科學이라고 했습니다만, 뒤집으면 '학과學科'가 되지 않습니까? 한자로 보면 과학이나 학과는 같은 말입니다. 학문의 분류라는 뜻이죠. 지금 우리가 쓰는 한자의 맹점이 여기에 있습니다.

**A** 상하이에서 영화가 출발한 건 사실입니다. 그러나 전쟁 때문에 상당수 영화인이 홍콩으로 넘어가고, 1949년 이후에는 공산당이 정권을 잡으면서 영화계를 다 접수합니다. 공산당이 상하이의 시설과 설비를 베이징으로 가져가면서 자연스럽게 영화의 중심도 베이징이 됩니다. 그로부터 1990년까지 베이징 중심이었다가 지금은 개혁개방 시대가 돼서 영화제작소를 민영화하고 있습니다. 상하이 영화가 다시 부흥하기 시작했습니다.

일반적으로 중국 영화라고 하면 타이완, 홍콩, 대륙의 영화를 다 포함합니다. 경우에 따라서는 대륙 영화만을 지칭하기도 합니다. 중국 사람들은 '화어전영華語電影'이라고 부릅니다. '화어'는 중국어의 다른 표현이죠. 중국어로 된 영화라는 뜻입니다. 한때 우리나라에서는 '삼중국 영화'라는 말도 유행했습니다. 홍콩, 타이완, 대륙 영화가 뿌리는 같아도 저마다 특색이 있어서 그렇게 불렀습니다. 그러나 요즘은 안 쓰는 말입니다. 중국 사람들이 '삼중국'이란 말을 굉장히 싫어하기 때문입니다.

**Q** 중국 영화의 수준이 우리나라 영화에 대비해서 어느 정도입니까?

**A** 전반적으로 우리나라가 낫습니다. 중국도 한국을 통해 배우려고 노력하고 있습니다. 우리가 중국에 비해 잘하는 게 별로 없는데 유일하게 대중문화는 조금 더 잘합니다. 중국 사람들이 한국 사람을 대체로 무시하지만 대중문화만큼은 인정합니다.

**Q** 중국 영화에서 표현의 자유가 보장됩니까?

**A** 여전히 검열제도가 있습니다. 시나리오를 써서 정부기관에 제출해야 합니다. '방송영화텔레비전총국'이라는 기구가 있습니다. 너무 외설적이거나, 폭력적이거나, 미신을 조장하거나, 종교문제를 다루거나, 공산당을 비방하거나, 소수민족을 분열시킨다고 판단되면 통과하지 못합니다. 열 가지 정도의 조항이 있는데 마지막 조항이 '기타 부적당하다고 판단되면'입니다. 어디든 갖다 붙일 수 있는 조항입니다.

통과하지 못하면 시나리오를 고쳐야 합니다. 이런 시스템으로는 미국 쫓아가기가 쉽지 않습니다. 어렵게 시나리오가 통과됐다고 해서 끝이 아닙니다. 다 찍고 나서 다시 심사를 받아야 합니다. 거기서 고치라면 또 고쳐야 합니다. 상영 허가가 나와도 끝이 아닙니다.

문화콘텐츠는 만들어질 때와 실제 관객을 만나는 시점의 상황이 얼마든지 다를 수 있습니다. 때문에 무슨 일이 벌어질지 모릅니다. 어렵사리 영화를 상영했는데 생각지도 못한 부분에서 대중이 환호하고 열광하는 경우가 얼마나 많습니까? 그 부분이 만약 이데올로기적으로 문제가 될 수 있다고 하면 즉시 상영 허가를 철회할 수 있습니다. 그 순간 모든 극장에서 영화를 내려야 합니다. 이렇게 3중 검열 구조를 가지고 있습니다.

중국에서 영화 한 편 만드는 데 아주 싸게 먹혀도 200억 원입니다. 보통 천억 원 정도 듭니다. 감독 스스로 유명하지 않으면 평생 한 편 만들고 잊히는 경우가 대다수입니다. 비교적 적은 제작비인 100억, 200억이 들더라도 본전은 찾아야 합니다. 그런데 검열에 걸려서 틀지도 못하면 어떻게 되겠습니까? 그러니 검열에 안 걸리려고 안정적으로 제작할 수밖에 없습니다. 흠집 잡힐 만한 것 다 걷어 내니 재미가 없어질 수밖에 없는 것이죠.

옛날 우리나라에 〈돌아오지 않는 해병〉이라는 영화가 있었습니다. 이만희 감독 작품인데요, 내용으로는 한국 정부 입맛에 딱 맞습니다. 인민군이 쳐들어와서 남쪽에 주둔하다가 국군이 훨씬 좋아서 귀순한다는 내용입니다. 그런데 이만희 감독이 구속됐습니다. 인민군복이 국군의 군복보다 훨씬 낫다는 이유에서였습니다. 중국이 지금 그 시점입니다. 창의력과 상상력이 담보되지 않은 한, 자본과 기술을 아무리 많이 투자해도 문화가 발전하기 힘듭니다.

산업논리와 이데올로기라는 모순된 구조를 잘 극복하고 창의력과 상상력을 잘 조화시킨다면 중국 영화는 상당히 발전할 것입니다. 반대로 해답을 찾지 못하고 지금처럼 계속 간다면 답보 상태일 수밖에 없겠죠. 그래서 그런지 최근 새로운 현상이 나타나고 있습니다. 2015년 여름에 개봉한 〈미션 임파서블: 로그네이션〉을 혹시 보셨는지요? 영화가 시작할 때 '알리바바'라는 중국 회사가 투자한 것으로 나옵니다. 자국 내에서 안 되니까 미국 영화에 돈을 쏟아붓기 시작한 것 같습니다. 아예 할리우드 영화를 자기네 영화로 만들려는 움직임도 있습니다.

# 인문기행 중국 : 배낭대학

| 윤태옥 |

# China

외면할 수도 피할 수도 없는 이웃나라, 중국. 이제 중국 여행은 인문기행이 대세다. 상대방의 역사와 문화를 알아가면서 상호 간 이해도를 서서히 높여가는 인문기행은 우리가 중국을 이해할 수 있는 또 하나의 방법이다. 전문가가 말하는 주제를 갖고 떠나는 중국 여행 이야기를 듣고 나만의 여행을 계획해 보자.

반갑습니다. 저는 윤태옥이라고 합니다. 이름은 여자 같지만 보시다시피 엄연하고도 멀쩡한 아저씨, 남자입니다. 저는 제 일기를 블로그에 쓰고 있습니다. 주소는 http://blog.naver.com/kimyto입니다. 개인의 블로그치고 방문자가 조금은 많은 편입니다. 하루에 7~800명이 보통인데 가끔은 1천 명이 훌쩍 넘을 때도 있습니다. 누적 숫자로는 200만 명에 가깝습니다. 블로그 제목에 '왕초일기'라고 돼 있는데, 일기라서 매일 포스트 하나씩 올리는 게 제 생활이기도 합니다.

온라인에서 저의 닉네임은 '왕초'입니다. 온라인을 통해서 만난 분들은 온라인에서나 오프라인에서나 본명보다는 닉네임을 부르는 경우가 많습니다. 처음에는 재미있는 것으로 지었지만 요즘 여행을 하거나 강의에 나서면서는 가끔 면구스러울 때가 있습니다. '왕초'가 저의 실제 모습과는 달리 거창한 뉘앙스라서 그렇습니다. 한 번은 칠순의 석학 한 분과 동반해서 답사여행을 하는데, 다른 동반자들이 왕초라고 부르니까 그분도 점점 동화되어서 저를 '왕초 선생'이라고 부르시더군요. 죄송한 마음이 조금 들었습니다. 이 자리에서도 사실은 그런 느낌이 없지 않은데, 여러분이 양해해 주시기 바랍니다.

왕초라는 닉네임에는 나름의 사연이 있습니다. 약 15년 전 골프를 처음 시작했는데, 초보 시절에야 당연히 제대로 치지 못했습니다. 그 이후에도 골프에 재능이 있다고 할 수준은 아니었지요. 그래도 골프가 재미있었고 조금 더 재미있게 해보자는 생각에 글을 쓰기 시작했습니다. 그냥 쓰는 게 아니라 일정한 공간에 일정한 주기에 따라 필명을 정해서 쓰는, 소위 '칼럼'을 쓰기 시작한 것이지요. 그야말로 생초보 때부터 골프 칼럼을 쓰기 시작했습니다. 마지막으로 쓴 골프 칼럼은 2008년 여름, 신지애 선수가 브리티시 오픈 챔피언 조에서 일본 선수와 우승을 다투었던 마지막 라운드의 관전평이었습니다. 아무튼 이 칼럼의 제목은 '왕초보의 골프 일기'라는 뜻에서 '왕초일기'라고 지었고, 그에 따라 닉네임이 왕초가 된 것입니다. 이 왕초를 15년이 지난 지금도 그대로 사용하고 있습니다. 저 혼자 쓰는 거야 문제가 되겠습니까만, 실제 여러분을 만날 때는 민망해지는 측면도 있어서 잠시 닉네임 이야기를 늘어놓았습니다.

저는 오늘 여행 이야기를 하려고 합니다. 제가 요즘 남들 앞에서 하는 이야기는 대부분 여행입니다. 하지만 여행이나 레저, 관광 등을 별도로 공부한 사람은 아닙니다. 제가 이런 사람이라며 내밀 그럴듯한 명함도 없고 번듯한 직함도 없습니다. 여러분 앞에서 여행 이야기를 할 자격이 있는지에 대해서, 사실은 저 자신도 잘 모르겠습니다. 그러니 본격적인 이야기에 앞서 제 소개를 먼저 할 수밖에 없는 것 같습니다.

저는 2000년 여름 베이징 출장에서 처음으로 중국 땅에 발을 디뎠고, 2006년부터는 베이징에 체류하면서 서울을 오가는 생활을 했습니다. 그러다가 2009년부터 본격적으로 여행하기 시작했습니다. 2006년 이후 여행하는 기간이 1년에 평균 6개월 정도 됩니다. 한번 여행할 때 가장 길게는 59일을 여행했고, 보통은 20~30일 정도씩 여행을 하곤 했지요. 저에게는 20여 일만에 돌아오는 게 적당한 것 같습니다. 얼마 전에도 윈난 성을 다녀왔습니다. 이렇게 살다 보니 본의 아니게 주변 사람에게 소위 '염장질'을 하게 됩니다. 누구나 여행을 좋아하고 꿈을 꾸지만, 원하는 만큼 여행을 가는 사람이 거의 없습니다. 저는 1년의 절반을 여행길에서 보내니 블로그나 페이스북 등을 통해 이런 소식을 듣는 사람에게는 의도하지 않은 염장질이 되는 것 같습니다. 그러나 여행사업을 하는 것은 아닙니다. 제가 오늘 이 자리에서 강의하게 된 것은 여행 비즈니스를 한 게 아니라 여행 자체를 많이 했기 때문입니

제6강 인문기행 중국: 배낭대학

다. 여행 비즈니스를 하는 사람이었다면 강의가 아니라 여행상품 설명을 했겠지요?

중국과 인연을 맺기 전에는 방송위원회를 거쳐 엠넷m.net이란 곳에서 일을 했습니다. 기획국장도 하고 편성국장도 했습니다. 제 손으로 창사 작업을 직접 한 덕분에 사원번호 끝자리가 가장 앞선 번호인 111이었습니다. 엠넷에서 일하면서 요리 채널도 추가로 만들었습니다. CJ그룹이 엠넷을 인수하면서 본사의 요구가 있어서 실무 작업을 책임지고 채널을 신설하여 런칭했는데, 지금은 '올리브TV'라는 이름으로 방송이 되고 있습니다. 엠넷 이후에 크림엔터테인먼트라는 회사의 총책임자로 또 5년여 일을 했습니다. 그 다음에 중국과의 인연을 본격적으로 맺었지요.

중국에서 어떤 여행을 했는지 요약하자면 제가 출간한 단행본 몇 권을 간략하게 소개하는 게 쉬울 것 같습니다.

《길 위에서 읽는 중국 현대사 대장정》은 2014년 가을, 제 책 가운데 가장 최근에 출간된 책입니다. 제목 그대로 1만 2,800킬로미터를 답사한 다음에 쓴 여행기인데, '대장정'이란 중국 현대사를 담고 있습니다. 오른쪽 이미지는 여행 때 사용한 스티커입니다.

오른쪽에 위에 있는 캐리커처는 박한제 서울대 명예교수(동양사학과)입니다. 선비족 탁발부拓跋部는 기원 전후에 다싱안링大興安嶺 산맥 깊숙한 계곡의 알선동嘎仙洞에서 출발해, 초원 수천 킬로미터를 통과해서 북중국에 이르렀습니다. 탁발선비는 북위北魏를 세워 4세기에 북중국

탁발선비 답사 스티커(위). 대장정 스티커(아래)

을 통일했고, 그 다음 탁발선비 내부에서 권력을 주고받는 와중에 수나라를 세워 대륙을 통일했고, 최종적으로 당나라를 세워 한나라가 무너진 이후 혼돈에 빠져 있던 중원을 평정하고 새로운 제국을 건설했습니다. 2014년 가을 탁발선비의 천 년 역사를 찾아서 이 분야의 최고 석학인 박한제 선생님과 함께 30일 넘는 답사여행을 했는데, 이때 사용했던 스티커입니다. 이 정도는 5만 원이면 충분히 만듭니다. 여행의 소품으로는 아주 재미있는 아이템입니다. 저에게도 남지만 길에서 만나는 사람 누구에게나 줄 수 있습니다. 스티커를 받아서 어깨에 견장처럼 붙이고 재미있는 사진을 찍기도 하고, 짐을 부칠 때 표식처럼 붙이기도 합니다. 여러분도 한번 시도해 보세요, 정말 재미있습니다. 이 답사여행의 기록은 주간 연재를 이미 마쳤고, 2016년에 단행본으로 나올 예정입니다.

《중국식객》은 요리 채널을 만들었던 경험이 인연이 돼서 쓰게 된 책입니다. 제가 요리를 할 줄 아는 것도 아니고, 외식사업을 해본 경력도 없습니다만 요리 채널을 기획하는 일을 했습니다. 이 과정을 통해 자연히 요리에 대한 관심이 깊어지고, 그 연장선상에서 중국 여행에서 경험한 중국 음식에 관한 책까지 쓰게 됐습니다. 여행에서 마주친 음식과 그 안에 담겨 있는 역사와 문화를 얹어서 여행 이야기로 풀어낸 것입니다.

《개혁군주 조조, 난세의 능신 제갈량》은 제목 그대로 삼국지 이야기입니다. 역사의 주인공인 조조와 소설의 주인공인 제갈량의 흔적을 찾아 답사여행을 하면서 소설과 역사 사이를 오가면서 쓴 글입니다.

《당신은 어쩌자고 내 속옷까지 들어오셨는가》는 제목이 좀 발칙하지요? 중국의 술 가운데 빨간 병에 담긴 '유령주劉伶酒'라는 게 있습니다. 유령劉伶은 바로 죽림칠현竹林七賢 중 한 사람입니다. 죽림칠현은 말로는 멋있는 현자 같지만, 실제로는 극도로 혼란한 세상을 외면하면서 현학과 기행과 일탈에 몸을 담그고 살았던 당시의 지식인들이었습니다. 이들의 기행과 일탈에는 술과 마약도 있었습니다. 당시 기록에 보면 '신선이 되기 위해 오석산五石散 또는 한식산寒食散이라고 하는 약을 먹었다'는 기사가 많습니다. 약이라고는 하지만 대부분 수은이 들어 있었습니다. 당연히 수은중독에 걸리지요. 수은에 중독되면 몸이 뜨거워져 옷을 벗는 습성이 생기곤 합니다. 유령의 술버릇도 꼭 그랬습니다. 술을 마시면 발가벗고 누워버리는 겁니다. 어느 날 유령을 찾아온 친구가 그 꼬락서니를 보고는 잔소리를 했습니다.

"이 술주정뱅이야, 옷 좀 입어라, 허구한 날 술타령에 알몸 추태는 뭣이더냐!"

그때 유령이 대답했습니다.

"나는 천지가 옷이고 집이 속옷인데, 너는 어쩌자고 주인 허락도 없이 내 속옷 안에까지 들어와서 시끄럽게 군단 말이냐!"

중국에서는 꽤 유명한 고사입니다. 여기서 힌트를 얻어 제목을 이렇게 지었습니다. 맨몸 위에 옷을 걸치고, 옷 입은 사람은 방에서 살고, 방을 몇 개 합치면 집이 됩니다. 몇 채의 집이 이어 붙으면 집과 집 사이는 길이 되고, 길과 집이 어우러져 마을이 되고, 마을은 더 큰 공동체가 되는 것이지요. 인간은 유령이 말한 이런 구조 속에서 존재한다고 할 수 있습니다. 이 책은 바로 사람이 실제로 존재하게 하는 그 집의 건축 이야기입니다. 그것도 황제나 귀족이나 승려가 아닌 백성들이 사는 민가 이야기입니다.

중국 곳곳에 가보면 지역마다 전통적인 민가가 서로 다른 모양입니다. 그 안에 사는 사람도 서로 다른 문화와 서로 다른 역사를 품고 살아왔습니다. 예를 들어 만주에 가면 초가집이 있습니다. 자세히 보면 우리가 국내에서 보던 것과는 약간은 다릅니다. 그들은 왜 그곳까지 가서도 초가집을 만들었을까요? 초가를 지으려면 벼농사를 지어 볏짚이 많이 나와야 하는데 그곳은 원래 벼농사를 짓던 곳이 아니지요. 초가집이 흘러와서 그런 모양을 갖게 된 것을 되짚어 보면 그 초가집에 담긴 역사와 문화를 이해할 수 있습니다. 그런데 어떻게 하다 보니 제목이 개성이 아주 강해졌습니다. 제목만으로 책 내용이 직접 전달되지 않다 보니 이렇게 부연설명을 하게 되네요. 그래도 재미있지 않나요?

2009년부터 매년 다큐멘터리를 기획하거나 제작을 했습니다. 〈인문기행 중국〉, 〈중국문명기행 삼국지〉, 〈세계의 지붕 동티벳을 가다〉, 〈북방대기행, 바람의 제국을 가다〉, 〈유당과의 사생여행〉 등이 방송됐

만주 지역의 초가집

습니다. 다큐멘터리에 인생을 걸고 제작하는 분들에게는 좀 미안한 이야기지만, 솔직하게 고백하건대 이런 주제의 다큐멘터리는 기획 단계에서 더 많은 여행을 할 수 있는 것들입니다. 제 속마음이 그랬던 것이지요. 이곳 중국학교 교장인 조관희 선생도 제가 2009년에 기획하고 제작한 7부작 〈인문기행 중국〉의 1, 2편에 출연한 프리젠터(진행자)였습니다.

## 🌸 '인문여행'을 추구하는 이유

이제 오늘의 주제인 중국배낭대학으로 들어가 보겠습니다. 제목을 분해하면 중국과 배낭과 대학, 세 가지가 들어 있습니다. 세 단어가 각각 그 의도가 있습니다.

중국. 왜 중국일까요. 지금 이 자리에서 '왜 우리가 중국에 관심을 기울여야 하는가' 같은 주제를 거창하게 논할 필요는 없겠죠? 중국에 대한 관심이 이미 상당한 분들이라서 이 자리에 수강료를 내고 오셨을 테니 말입니다. 그러나 제가 보는 관점을 좀 이야기하는 것도 좋겠다고 생각합니다.

중국이 거북한 사람이 은근히 많습니다. 예를 들어 중국 음식이 입에 맞지 않아서 중국 여행을 힘들어 하거나 외면하게 된다는 분들이 종종 있습니다. 음식으로만 말하자면 느끼하거나 짜서 그럴 수 있습니다. 음식 주변의 이야기를 곁들이면 비위생적이라거나 엽기적인 어떤 장면이 연상되기 때문일 수도 있겠네요. 입맛과 생각은 누구든 제

각각이니 당사자 입장에서 굳이 틀린 것이라고 할 수는 없습니다. 하지만 저는 그 결과를 놓고 경우에 따라서는 아주 냉정하게 평가합니다. 정말로 중국 음식이 입에 맞지 않는다면, 그것은 그 사람 혼자 불행한 것일 뿐입니다. 어떤 이유로든 세계 음식의 3분의 1이나 4분의 1을 즐길 수 없다는 것이니, 그게 어찌 불행한 일이 아닐 수 있겠습니까. 남미 저 끝에 있는 나라는 비행기 탑승시간이나 항공료 부담 때문에라도 선뜻 길을 나서기가 쉽지 않습니다. 하지만 중국은 바로 옆에 있지 않습니까? 그런 나라에 엄청나게 다양한 음식이 있는데 입맛이 맞지 않아 거북하다면 그 사람만 불행한 겁니다.

중국어를 못하는 건 또 어떨까요? 영어는 우리나라가 조금은 합니다. 일본보다는 조금 낫습니다. 일본에서 누가 영어로 말을 붙이면 도망가다시피 하는 사람들이 있습니다. 그런데 지금 우리에게 영어만큼 중국어가 유용하지 않습니까? 그런데 과연 중국어를 얼마나 알고 있나요? 세계 인구의 4분의 1에 해당하는 사람들과 그 역사와 문화를 교류하지 못하고 사는 건 요즘 같은 세계화된 환경에서 좀 억울하지 않을까요?

중국은 크기도 하고, 넓기도 합니다. 그런가 하면 꼴 보기 싫기도 하고, 그럼에도 불구하고 사귀어 볼 만한, 친해 볼 만한 나라입니다. 사실은 좋고 싫고를 떠나서 외면할 수도 피할 수도 없는 나라지요. 그런 중국에 대해 여러분은 어떤 시각을 갖고 계시는가요? 어떤 스탠스에서 중국을 이야기하시나요?

정부는 국가 간에 정리할 일은 정리하고, 때로는 싸울 일에 대해 백성들을 대신해서 싸우는 대리인입니다. 전쟁이 아니면 밋밋한 말로 천천히 말싸움을 하는 게 보통입니다. 그에 비해 언론은 지금 당장의 시사적인 의제를 예각으로 부각시킵니다. 그래서 뭔가 날카롭게 찌르는 것이 많습니다. 뉴스만 보면 중국은 곧 세계의 모든 부를 전부 삼켜버리거나, 세계 최강국이 되어 전 세계를 위협하거나, 엄청난 자연재해로 금방이라도 주저앉을 것만 같습니다. 중국 대도시에서 수일 내로 수만 명이 질식해서 죽을 것만 같지요. 그러나 현실이 뉴스처럼 그렇게 급작스럽고 드라마틱하게 돌아가지는 않습니다.

그런데 제 주변을 보면 자신이 국가와 언론인 것처럼 착각하는 분들이 많은 것 같습니다. 마치 대통령이나 장관처럼, 신문사 사장이나 편집국장처럼 상대 나라와 국민에 대해 높은 자리에서 말씀을 내려 주려는 분이 많습니다. 그런 시각과 태도가 잘못됐다는 것은 아닙니다. 그러나 그 이전에 우리는 다 같이 일상을 살아가는 백성들이란 생각을 가지는 것도 의미가 있지 않을까요? 백성은 다른 나라의 백성과 개인 대 개인으로 교류하는 것이 바람직하다고 생각합니다. 정부 사이에 이견 내지 갈등이 있다고 해서 지나가는 외국인을 붙잡고 "왜 그따위냐"고 호통을 치고 폭력을 가하는 것은 정말 난센스 아니겠습니까.

중국을 여행하다 보면 가끔 일본인들이 불쌍하다는 생각이 듭니다. 일본인에 대한 중국인의 적대감이 사실상 대단하기 때문입니다. 정부대 정부로 해야 할 말과 행동이 있고, 개인이 그런 국가적인 관점을 직접 행사할 일은 아니지 않겠습니까?

제가 제 타이틀처럼 자주 붙이는 '인문기행'이란 백성들이 백성들을 이해하는 꽤 괜찮은 방법의 하나라고 생각합니다. 상대방의 역사와 문화를 이해하면서 상호 간의 이해도를 서서히 높여가는 것이지요. 독서를 통해서도 가능한 일이고, 여행을 통해서도 가능해서 인문기행을 좋은 여행이라고 생각하는 것입니다. 요즘 '인문학의 위기'라고 말하고 다른 한편에서는 '인문학이 유행'이라고 말합니다. 제가 말씀드리는 인문은 그런 학술적 의미와 깊이까지 갖추자는 것은 아닙니다. 역사와 문화를 조금 더 앎으로써 민족과 언어는 달라도 백성끼리는 언제든 어울려서 살아가는 토대를 굳건히 하자는 것입니다. 조금만 알면 훨씬 좋은 이웃이 됩니다. 예를 들어 옆집 아이가 많이 울면 잠도 방해받고 짜증이 날 수도 있습니다. 그러나 그 아이의 이름도 알고, 그 아이가 무슨 병인지도 알면 훨씬 더 견딜 만하지 않을까요? 여행을 하더라도 그 위에 인문적인 토핑을 뿌려주면 그 나라 백성들을 이해하는 폭이 깊어집니다. 그래서 인문기행, 인문여행이 좋다고 생각합니다. 얼굴과 이름만 아는 것도 아는 것이지만, 그 사람들이 어떤 역사와 문화와 사고방식을 갖고 사는지 조금만 더 알면 훨씬 좋은 관계가 되지 않겠습니까.

우리나라에서 해외여행이 대중화된 게 1988년 서울 올림픽 전후입니다. 저도 첫 번째 해외출장을 1986년에 갔습니다. 해외여행은 항공편의 영향을 많이 받습니다. 초기 단계의 여행은 항공사가 취항을 하는 곳으로 따라가는 게 보통입니다. 항공기가 취항하면 일단 항공사가 그곳에 멋진 무엇이 있다고 광고를 합니다. 항공사가 먼저 뚫고, 여행사를 모집해서 좌석을 판매합니다. 여행사는 열심히 관광상품을 만들어 판매를 하는 것이지요. 예를 들면 창장長江 강(이하 장강)의 절경인 장강삼협長江三峽에 한국 사람들이 어느 날 갑자기 줄어들었습니다. 이유는 간단합니다. 장강삼협을 염두에 두고 관광객을 실어 나르던 항공노선을 장자제(張家界, 장가계) 쪽으로 돌렸기 때문입니다. 지금은 한국 사람들 가운데 장자제를 가보지 않은 사람은 별로 없을 겁니다. 그러나 이 단계가 지나면 항공사와 여행사에 의해 대량으로 만들어지는 단체여행이 점차 개별적인 자유여행으로 진화하게 되죠. 아는 사람을 찾아가든, 배낭을 메고 가든, 답사 개념으로 가든 다양한 형태로 발전합니다. 여기 계신 분들은 아마도 개인여행 쪽을 선호할 것으로 생각합니다. 이것을 '배낭'이란 말로 요약할 수 있겠지요.

중국 배낭여행에서는 안전 문제도 중요한 이슈가 됩니다. 안전은 여행의 중요한 결정 요소 중 하나지요. 많은 한국 사람들은 중국이 안전하지 않다고 생각합니다. 맞는 이야기이지만 틀리기도 합니다. 제가 중국 여행을 안전하다고 단정하려는 생각은 없습니다. 조금 더 정확하게 제 생각을 말씀드리자면, 뉴스보다 안전한 나라가 중국입니다. 반대로 명성만큼 안전하지 못한 나라도 있습니다. 바로 미국입니다. 아무 이유도 없이 누군가가 난사한 총에 맞아 죽으려면 미국으로 여행을 하거나 유학을 해야 합니다. 중국에서 이렇게 총 맞아 죽기는 어렵습니다. 중국에서 납치 운운하는 괴담이 적지 않은데, 실제 납치를 경험해 보려면 중국이 아닌 필리핀으로 가야 합니다. 한때 장기 적출 이야기가 국내서 많이 돌았죠? 괴담입니다. 인구가 워낙 많으니 장기 이식도 많고, 그 가운데 개인 간의 밀매도 많겠지요. 그러나 제가 10년 가까이 1년의 절반 이상을 중국에 있습니다만, 납치에 의한 장기적출 범죄 사례를 직접 확인한 경우는 없습니다. 미녀 여대생이 나이트클럽에 가서 핸섬한 청년을 만나 황홀하게 놀다가 호텔에 가서 하룻밤을 지냈는데, 아침에 눈을 떠보니 자신이 얼음을 채운 욕조에 담겨 있고 '신장을 적출해 갔으니 얼른 병원에 신고하라'는 쪽지가 남아 있더라는 이야기가 인터넷에서 한동안 돌아다닌 적이 있었습니다. 그것은 영국에서 괴기소설 작법을 가르치는 교재에 나온 이야기였답니다. 그것을 그대로 중국 쓰촨四川에서 일어난 일이라고 누군가 괴담으로 올리고, 그것이 네티즌 사이를 빙빙 떠돌면서 증폭된 것이지요. 어디서나 현지 사정을 잘 알아보고 주의해야 합니다. 여행객은 객지에서 특히 남의 나라에서 무엇인가 문제가 되면 모든 것이 불리하고 불편합니다. 홈그라운드인 우리나라에서 주의하는 것 이상으로 주의하고 신중하면, 어처구니없는 그런 위험에 빠지진 않습니다. 중국도 마찬가지입니다.

요즘은 도전적인, 일종의 모험여행도 증가하는 추세입니다. 윈난성 메이리梅里 설산의 코라 트레킹은 꽤 인기가 있습니다. 하지만 고산지대라 쉽지는 않습니다. 바로 도전적인 여행의 하나입니다. 신장 위구르 자치구를 찾아가는 여행객도 늘고 있습니다. 위구르 지역에는 실제로 총과 마약이 있습니다. 그 사실만 보면 위험해 보이지만, 실제 신장 지역에서 한국인이 한국인이라서 사고를 당한 경우를 저는 들어본 적이 없습니다. 티베트도 마찬가지입니다. 우리나라 시청광장이 연일 시위로 시끄러울 때 외국인들이 서울을 얼마나 '위험한 도시'로 봤겠습니까? 그러나 그때도 시위현장에서 50미터, 100미터 떨어진 청계천에서는 일상에 변함이 없었습니다. 신장이나 티베트 역시 마찬가지가 아닐는지요.

여행 패턴은 '어디까지 가 봤어'에서 '어디까지 느껴 봤어'로 바뀌고 있습니다. 제가 1년에 반을 중국에서 여행한다고 하지만, 저 자신의 휴식을 위해서는 윈난을 1년에 한 번 정도 갑니다. 어느 단계까지는 윈난 성 어디까지 가 봤느냐가 이슈가 됩니다. 일종의 잘난 척으로 마치 레이싱 같습니다. 그 단계가 지나면 어디까지 갔는지가 그리 중요하지 않습니다. 스스로 음미하고 즐기는 정도가 더욱더 중요해집니다. 한국인의 국민여행지라고 할 수 있는 윈난에 간다고 해서 유명한 곳만 다니지 않을 수도 있습니다. 후탸오샤(虎跳峽, 호도협)에 가서도 자기가 좋아하는 야생화만 즐기고 올 수 있습니다. 혼자서 갈 수도 있고, 두셋이나 서너 명이 소그룹을 짜서 여행하면 안성맞춤입니다. 이 맛을 알면 여행사에 실려 가는 여행은 점점 기피하게 되지요.

그렇다고 유명 관광지를 찾아가는 단체여행을 조금이라도 평가절하하는 것은 아닙니다. 유명 관광지는 또 그렇게 유명한 이유가 있습니다. 백두산이나 장자제 같은 곳은 1년 중 85%가 구름에 갇혀 있답니다. 그래서 일부만 보고 올 뿐 천지나 장자제 절경을 제대로 보지 못하고 돌아오시는 분이 많습니다. 그러나 구름이 10분 만이라도 활짝 열리면 죽을 때까지 잊을 수 없는 장면을 보게 됩니다. 절대로 홀대할 수 없죠. 그래도 저마다 의미를 찾아가는 여행이 추세인 것은 분명한 사실입니다.

선배 한 분 이야기를 해드리겠습니다. 공직에 있다가 은퇴했습니다. 은퇴를 앞두고 만났을 때 제가 중국어 공부를 좀 진지하게 해보라고 했습니다. 물론 펄쩍 뛰었습니다. 이 나이에 무슨 외국어 공부냐는 거죠. 그래서 제가 그랬습니다. 지금까지 30년 넘게 대학 졸업장 팔아서 잘 살았으니, 남은 50년을 위해 '대학' 한 번 더 다녀보라고 했습니다. 준비 없이 인생 후반전 50년을 산다는 건 너무 불성실한 것 아닐까요? 세상에, 인생에 공짜는 없습니다. 진지하게 무언가를 준비하지 않고 후반생 50년을 살 수 없습니다. 여행도 인생과 마찬가지입니다. 여행을 조금 더 즐겁고 유익하게 하려면 그만큼 시간과 노력을 투자해야 합니다. 그래서 오늘 주제에 '대학'이란 말을 붙인 것이지요.

이젠 은퇴하더라도 최소 30년을 활동하며 살아야 하는 시대가 됐습니다. 그렇다고 사회가 노인층을 '그동안 수고하셨다'고 따뜻하고 공손한 태도로 받아 주던가요? 그렇지 않은 게 현실입니다. 노인들의 주머니에 돈이 들어 있는지 아닌지만 쳐다보고 있습니다. 누구나 처한 운명입니다. 은퇴 후 50년을 더 살면서 그 가운데 30년은 무엇이든 활동을 해야 합니다. 가장 해볼 만한 것이 여행입니다. 돈벌이든 여행이든, 그걸 위해 중국어 공부에 시간과 노력을 투자해 볼 만하지 않나요? 물론 돈이 넉넉하다면 그것으로 때울 수도 있습니다. 여행의 경우 하루 50만 원짜리 최고 가이드 쓰면 만사 오케이입니다. 그러나 그게 과연 가능하기는 한가요? 가능하다고 해도 재미는 있을까요? 본인이 직접 해야 더 재미있고 유익한 겁니다. 시간과 노력을 투자해서 배낭여행을 간다면 돈도 아낄 수 있고 그 이상의 성취감을 누릴 수 있습니다.

그래서 결론을 말씀드리면 중국을, 중국어를 공부하십시오. 중국이 세상의 3분의 1, 적어도 4분의 1입니다. 게다가 이웃 나라고, 교통도 아주 편합니다. 시간 여유가 있어서 배를 이용하면 몇 만 원으로 갈 수도 있습니다. 중국 음식이 안 맞으면 그냥 혼자만 불행한 것과 마찬가지로, 최소한의 여행 중국어가 안 되는 것 역시 혼자서만 불행한 것입니다. 바로 옆에 있는 풍성한 자연과 역사와 문화의 거대한 봉우리를 놔두고도 군침만 흘리는 것이니까요.

여행을 한두 번으로 끝내려면 제일 유명한 곳을 찾아가면 됩니다. 일생에 중국 가는 티켓이 하나만 있다면 저는 윈난을 추천합니다. 처음 중국을 간다면 두말 않고 베이징을 다녀오라고 하겠습니다. 그러나 '앞으로 1년에 한 번은 중국을 다녀오겠다'는 생각이 있다면 주제가 있는 여행을 모색해 보라고 권합니다. 관광지를 따라가는 것은 신문광고 보고 찍으면 끝입니다. 특별히 준비할 게 없습니다. 돈과 시간만 할애하면 됩니다. 하지만 주제를 세워서 여행한다면 열심히 많은 준비를 해야 합니다. 제가 대장정 답사여행을 준비하는 데에만 꼬박 1년이 걸렸습니다. 중국 민가기행을 할 때에도 3개월 준비한 후 9개월에 걸쳐 여행을 했습니다. 준비하면서 책도 100권 가까이 읽었습니다. 그중에 반 정도는 중국 책이었습니다.

준비하기 싫으면 유능한 전담 가이드를 고용하면 됩니다. 참고로 제가 유능한 가이드는 아니지만, 제가 생각하는 저의 하루 일당은 100만 원입니다. 한 달이면 3천만 원입니다. 그 돈을 내시겠습니까? 아끼려면 공부를 하십시오. 돈 이야기는 그저 웃자고 한 이야기입니다. 그러나 여행은 돈이 아니라 자신의 노력으로 준비하는 과정에서 풍성해지고 의미도 커집니다. 현대사든 음식이든 건축이든, 준비를 하십시오. 준비를 기반으로 해서 현장을 여행하는 것이 본론입니다. 여행을 다녀오면 마무리로 뒷정리를 해야 합니다. 시간이 지나면 다 잊어버립니다. 멋진 여행사진 5천 장을 찍어서 한 폴더에 벌크로 담아

두고 있다면 그것은 낭비입니다. 날짜별로 정리하든 주제별로 정리하든 아니면 마음에 드는 사진만 골라내든, 어떻게든 정리를 해야 여행 사진으로서 의미가 있습니다.

• 삼국지 여행: 조조와 제갈량

중국 여행에서 택할 수 있는 주제를 제 경험에 비추어 몇 가지 예시해 보겠습니다. 첫 번째는 '삼국지'입니다. 제가 제작했던 다큐멘터리 중 하나도 주제가 삼국지였습니다. 삼국지 다큐멘터리를 기획할 때 앉은 자리에서 자료 더미를 들추기만 한 것은 아닙니다. '조조와 제갈량, 역사와 소설의 대비'라는 구도를 정하고서 바로 조조와 제갈량의 흔적을 찾아서 여행을 했습니다. 그러니 주제가 명확한 여행이 된 셈입니다.

개인적으로 조조를 좋아하는 편입니다. 당대 역사의 주인공은 두말할 것도 없이 조조였습니다. 조조는 정치, 군사, 병법, 문학, 교육 등 다방면에 아주 뛰어난 사람입니다. 지금도 손자병법의 주석은 조조의 주석이 최고인 것으로 평가받습니다. 문학에서도 조조는 발군의 업적을 남겼습니다. 중국 중학교 교과서에는 조조의 시가 실려 있습니다. 이에 비교해서 제갈량의 글은? 없습니다. 제갈량은 그가 쓴 출사표가 유명할 뿐, 중국 문학사의 한 페이지를 장식할 만한 인물은 아닙니다. 그러나 조조는 그의 두 아들과 함께 '삼조三曹'라고 하여 문학의 거장 가문으로 인정받습니다. 조조가 한나라 말기 조정의 실권을 잡고 있

조승상부(위), 관창해(아래)

을 때의 연호가 건안建安이라서 이들의 문학을 '건안문학'이라고 칭합니다. 그리고 이들의 문학적 기풍을 좇았던 당시 문학가 7명을 높이 평가하는데 이들을 '건안칠자'라고 하지요. 중국 문학사에서 건안문학은 한 페이지가 아니라 아예 한 단원을 차지합니다. 이 건안문학을 들어내면 중국 문학사의 한 토막이 사라집니다. 중국 문학이 이어지지 못한다는 것이지요.

중국 국어 교과서에 실린 조조의 시는 〈관창해觀滄海〉입니다. '푸른 파도를 보다'라는 뜻이죠. 이를 묘사한 부조가 허난河南 성 쉬창許昌의 조승상부에 있습니다. 아주 멋지더군요. 조승상부는 당시 건축 풍모를 살려서 조조 기념관으로 새로 지은 것입니다. 조조가 〈관창해〉를 지은 곳은 보하이 만(발해만)의 제스 산(碣石山, 갈석산)이라고 합니다. 쉽게 말해 황해의 서안입니다. 황해에 이렇게 푸른 파도가 치는 게 자주 보일지는……. 눈에 보이는 것을 직설로 표현한 게 아니라 자신의 웅대한 꿈을 시어로 드러낸 것이겠지요.

한나라 전성기를 구가했다는 한 무제는 40여 년 동안 천지사방으로 전쟁의 광풍을 일으켜 국력을 깡그리 탕진한 인물입니다. 그래서 한나라와 중원문명을 한 세대 만에 완전히 자폭시켰습니다. 그 이후에 몇몇 영웅이 중원문명을 되살리려고 분투하다 실패하곤 했는데, 그 마지막 주자가 바로 조조입니다. 안후이安徽 성 보저우亳州에 가면 조조의 생가가 있었다고 추정되는 동네가 있습니다. 당시 실력자였던 원소와 건곤일척의 승부를 벌인 관도대전의 관두(官渡, 관도)도 찾아

갈 만합니다. 허난 성 정저우(鄭州) 외곽입니다. 관도대전에서 소수의 조조 군이 수적으로 절대 우위였던 원소 군에게 극적으로 역전승을 거둔 다음, 조조가 비로소 중원의 메이저급 실력자로 등장했던 것입니다. 이런 식으로 조조의 흔적을 찾아다니는 것이지요.

중국인들이 가장 총명하다고 생각하고, 황제들이 가장 충성스런 신하라고 생각했던 제갈량을 찾아가는 것도 흥미로운 주제입니다. 제갈량은 융중대책을 빼놓고 생각할 수 없겠죠? 룽중(隆中, 융중)에서 은거하는 듯 출세를 기다리던 제갈량이 자신을 찾아온 유비에게 제시한 전략을 '융중대책'이라고 합니다. 혼란스런 천하에 신흥세력이 끼어들 틈새를 찾아 그곳에 쐐기를 박아 넣음으로써 천하 대권의 기회를 엿본다는 전략적 밑그림입니다. 제갈량은 원래 산둥(山東, 산둥)에서 태어났지요. 어려서 고아가 돼 타지의 삼촌에게 가서 살았습니다. 머리가 명석했고, 명석한 만큼 출세에 대한 판단도 잘 한 것 같습니다. 제갈량은 세상이 어지럽게 돌아가는 것을 유심히 보면서 어느 진영으로 들어갈지 고민했겠죠? 조조 곁에는 마땅한 자리가 없었습니다. 조조의 공평무사한 인사정책에 이끌려 이미 많은 인재가 넘쳐나고 있었습니다. 조조 진영에 들어가 봐야 닭의 꼬리밖에 안 될 것 같고 그래서 아직 체계도 제대로 갖추지 못한, 용병집단을 크게 벗어나지 못한 유비 진영의 영입 제안을 받아들인 것이지요. 삼고초려는 소설 속에서 지어낸 아름다운 이야기 한 토막일 뿐입니다. 제갈량을 영입한 이후에도 유비는 제갈량에게 군사지휘권을 넘겨준 적이 단 한 번도 없었습니다. 적벽대전 때도 제갈량은 외교관에 지나지 않았지요. 동풍을 불게 했다는 것도 소설 속의 '뻥'입니다. 그때나 지금이나 제사를 지낸다고 불지 않을 바람이 불겠습니까. 그 후에 유비가 죽음을 앞두고 아들에게 황제의 자리가 제대로 이양될지, 제갈량을 심각하게 떠보죠. 유비가 "못난 아들 유선이 능력이 없으면 제갈량 네가 왕을 하라"고 이릅니다. 유비의 덕이 드러나는 것으로 보입니까? 아닙니다, 무시무시한 제안입니다. 그때 제갈량이 코를 땅에 박을 정도로 납작 엎드려서는 대를 이어 충성하겠다고 목숨을 걸고 맹세합니다. 만약 제갈량이 조금이라도 다른 기색을 비쳤더라면 바로 죽임을 당했을 것입니다. 제갈량은 이렇게 '깨갱'한 덕분에 유비 사후에 2인자 자리인 승상에 올랐습니다. 이때 북벌을 한다고 조조를 상대로 여러 차례 선제공격을 하다가 우장위안(五丈原, 오장원)에서 과로로 죽습니다. 쓰촨 성 청두成都에서 산시陝西 성 시안西安까지 그의 북벌 여정을 따라가면 유적지도 많고 자연경관도 정말 멋집니다.

　서울 모 대학의 교수 몇 사람을 중심으로 매년 삼국지 여행을 떠나는 모임이 있습니다. 전공과는 무관한 삼국지 마니아들입니다. 저에게도 연락이 와서 강연 방식으로 함께 이야기를 나눈 적이 있습니다. 막상 가보니 삼국지에 관한 한 '도사급'들이어서 저도 잠시 긴장했던 기억이 나네요. 그렇게 고정된 주제를 놓고 매년 여행을 떠나는 것도 멋진 여행이라고 생각합니다.

• 베이징 여행: 중국 음식

저는 2006년부터 2008년까지 베이징에 있는 아파트를 하나 임차해서 고등학교를 다니던 작은아들과 함께 지내기도 했습니다. 그때 베이징 구석구석을 많이 걸어 다녔습니다. 차에서 내려 골목골목을 걸어 보면 그동안 눈에 보이지 않던 것들이 많이 보입니다. 아주 재미있습니다. 베이징은 금나라 시대에 이미 수도의 하나인 배도陪都였습니다. 그 이후 요나라에서도 그랬고, 원나라 시대에는 제국의 수도이자 세계의 수도였습니다. 명청 시대는 물론 오늘날의 중국에서도 마찬가지입니다. 한마디로 최근 천 년 동안 중화제국의 수도였습니다. 어디를 가도 유적지이고, 어디를 파든 유물이 나옵니다. 황제를 권력의 정점으로 하여 전국의 인재와 물산이 모여들었던 곳입니다. 그래서 베이징 구석구석을 걸어 다니면 흥미로운 것들을 많이 만날 수 있습니다.

2015년 가을에 중국학교 교장인 조관희 교수가 《베이징 800년을 걷다》라는 책을 냈습니다. 아주 재미있습니다. 베이징 어디에 가면 어떤 역사가 있고, 어떤 이야기가 담겨 있는지 흥미진진하게 소개돼 있습니다. 인문기행이란 관점에서 보면 중국에서 베이징이 제일 풍성합니다. 제국의 수도가 갖고 있는 매력이 거기에 있습니다.

베이징에 가면 누구나 만리장성에 가죠? 멋집니다. 우리가 상상할 수 없는 사이즈를 보게 됩니다. 그러나 크고 길다는 것은 외관이고 그 속을 들여다보면 만리장성은 바보 같은 건축물이라고 생각합니다. 그

만리장성

높고 험한 산꼭대기에 5~6미터 높이로 성벽을 쌓아 올렸습니다. 이것을 축성할 때 얼마나 많은 백성이 고생을 했고 얼마나 많은 인부가 죽었는지 말도 못합니다. 결과물인 만리장성의 성벽은 힘으로 넘어가기는 불가능해 보입니다. 그러나 그것을 쌓았다고 중원의 왕조가 북방민족을 제대로 막았나요? 5호 16국 이후로 북방민족이 중원을 지배한 기간이 한족의 지배기간보다 훨씬 길었습니다. 북위, 당, 금, 요, 원, 청 등 대부분의 왕조가 그렇습니다. 장성이 있었는데 어떻게 이런 역사가 가능했을까요? 북방의 영웅들은 그 높은 성벽을 사다리 타고 억지로 넘어간 게 아닙니다. 다시 말하면 성벽 안쪽에서 대문을 활짝 열어 준 것입니다.

서양에서는 이 장성을 '위대한 성벽the great wall'이라고 부르기도 합니다. 저는 이 말에 동의하지 않습니다. 만리장성은 그냥 '긴 벽a long wall'일 뿐입니다. 만리장성이 인공위성에서 보인다는 말이 있죠? 실제로는 전혀 안 보입니다. 폭 5~6미터의 누리끼리한 색깔의 성벽이 단지 길다는 이유로 보인다면, 주변과 대조도 뚜렷한 전 세계의 아스팔트 고속도로가 전부 다 보이게요? 영국의 무역사절단이 건륭제 때 무역역조를 어떻게든 조정해 보려고 청나라에 왔었습니다. 그때 만리장성을 보고 놀랐습니다. 그래서 감탄사처럼 만들어진 말이 'the great wall'입니다. 평가는 각자가 할 일이고 혹시라도 저의 평가에 동의한다고 해도 그냥 넘어가면 섭섭하겠지요? 위대하진 않아도 크고 길고 장관이라는 사실에 변함이 없으니까요.

만리장성은 춘추전국시대 이 나라 저 나라가 알아서 세웠던 성벽을 진 시황제가 이어 붙인 것입니다. 그와 비슷한 시기, 오늘날 쓰촨 성수도인 청두 교외에 두장옌(都江堰, 도강언)이 만들어졌습니다. 민장(岷江, 민강)이라는 강 중앙에 물고기 주둥아리 모양의 인공 섬을 만들어 강물을 둘로 갈라버린 것입니다. 기존에 흐르는 강에서 강물 일부를 다른 곳으로 흘러가게 한 것이지요. 한 줄기로 흘러오던 강이 둘로 나뉘면서 물이 부족했던 지역으로 새로운 강이 흐르기 시작했습니다. 그지역에 농업용수가 충분히 공급되니 쌀 생산이 증가했습니다. 지금도쓰촨 성에서는 쌀이 많이 생산됩니다. 이 물길은 지금도 그때 갈라놓은 그대로 흐르고 있습니다. 2천 년 전에 물을 다스려 쌀을 증산케 해서 백성들이 배부르게 먹을 수 있었고, 그것이 지금도 그대로 그 기능을 하고 있습니다. 우리가 토건 공정을 두고 '위대하다'는 수식어를 붙이려면 이 정도는 돼야 하지 않을까요? 백성들에게 큰 보탬이 되는 것 말입니다. 이에 비교하면 만리장성은 짓던 당시에도 백성들에게는 끔찍한 징용이었고, 지금은 실용성에서는 용도가 폐기된 지 오래이며단지 관광용으로만 존재할 따름입니다.

베이징에서 잘 알려지지 않은 것 중 하나는 등산입니다. 베이징 서쪽 끝에 가면 링산靈山이란 산이 있습니다. 높이가 2,303미터입니다. 우리나라에서 가장 높은 한라산보다 300미터나 더 높습니다. 해발 1,800미터 정도 되는 지점까지 차로 올라가서 정상까지 등산을 하면 아주 멋진 고지대 풍광을 감상할 수 있습니다. 게다가 링산 인근에는

찬디샤 마을 전경

명청 시대의 산골 민가들이 원형 그대로 남아 있는 마을이 있습니다. 촨디샤爨底下라고 하는데 가볼 만한 곳입니다. 전체 60가구쯤 되는데 지금도 현지의 주민들이 살고 있는 살아 있는 민속촌입니다. 영화도 많이 찍습니다. 마을 자체가 입장료를 내고 들어가야 합니다. 모든 집이 식당과 여관을 겸하는데 어느 집이든 관람이 가능합니다. 숙박비도 꽤 저렴합니다. 싸게는 30~50위안 정도면 숙박이 가능하고 200위안 정도면 훌륭한 방에서 쉴 수 있습니다. 중국 과거로 시간여행을 할 수 있는 곳이지요.

또 한 가지 베이징의 매력은 중국 각 지방의 음식을 전부 맛볼 수 있다는 것입니다. '회관會館'이라고 들어 보셨을 겁니다. 중국 각 지방 사람들이 베이징에 왔을 때 제일 먼저 찾아가는 곳이 바로 식당 겸 숙소인 회관입니다. 예를 들면 호남회관, 강서회관, 유양회관 등이 있습니다. 역사도 깊습니다. 회관의 유래는 이렇습니다. 수나라 시대에 시작된 과거는 이후에 청조까지 계속 이어졌습니다. 과거의 최종 시험은 베이징에서 열립니다. 2년에 한 번씩 황제가 직접 주관하는 것이지요. 이때 과거에 응시하는 수험생만 오는 건 아닙니다. 수험생 한 사람에 시종 한둘이 따라붙습니다. 베이징에서 과거에 응시하는 수험생은 대략 1만 5천 명. 시종이 1명씩만 따라왔다고 해도 3만 명, 2명이 따라오면 4만 5천 명입니다. 이들 소위 '시골 촌놈'들은 자기 고향 사람이 개설한 회관에서 숙식을 해결했습니다. 지금도 방언의 차이가 크지만 전통시대에 각 지방 말은 베이징에서는 완전히 불통이었습니다. 그래서 고향 사람들끼리 모일 수밖에 없었습니다. 이것이 바로 회관의 사회문화적 포지션이었지요. 회관에서는 고향의 음식과 문화, 놀이를 함께 즐길 수 있었습니다. 고향 사람들이 모여 돈도 빌려주고 돈벌이도 알선해 주면서 경제적인 네트워크도 구축했습니다. 누군가 먼저 출세하면 고향의 후배 가운데 똑똑한 인재를 미리 뽑는 정치적 인맥의 길목이 되기도 했습니다. 이런 회관이 다른 지방에도 있었지만 특히 베이징에 많았고, 지금도 많이 남아 있습니다. 이 회관을 찾아다니면 중국의 모든 음식과 문화를 즐길 수 있었습니다. 모든 시스템이 현대화된 지금은 과거의 회관은 역사의 유적지가 되었고, 민간의 외식사업과 숙박업소가 그 기능을 대신하고 있습니다. 게다가 외국의 갖가지 음식문화까지 합세하고 있으니, 음식문화기행을 하기에는 베이징이 최적의 도시입니다.

베이징이 아닌 곳에서도 중국 음식을 주제로 하여 긴 여정을 엮을 수 있습니다. 제가 써낸《중국식객》이란 책은 대부분 평소의 여행에서 경험했던 음식을 추려낸 것이지만, 일부러 음식기행을 한 부분도 있습니다. 장강을 따라 후난湖南 성 수도인 창사長沙에서 출발해 웨양岳陽, 난창南昌, 징더전景德鎭, 항저우杭州를 거쳐 상하이까지 내려오면서 각 지방의 음식을 취재한 적이 있습니다. 다음 사진은 항저우 서호西湖 옆에 맛집이 즐비한 미식가美食街입니다. 청나라 전성기에 건륭제가 왔다가 맛있다고 칭찬하여 편액까지 내려준 덕분에 당시는 물론 지금까지 황제 마케팅을 하는 식당도 있습니다. 대대손손 대박이 났는데, 실제

항저우 미식가

9.23어윈커족
9.24지카
9.22알선동
9.25허얼군나강
9.21다고르족
9.26완궁
9.27아얼산
9.20하얼빈 출발
9.27우란하오터
9.29요 조릉
9.28요 상경
9.30원 상도
10.2무천진
10.5후허하오터
10.3영고릉
10.1성락
10.6남순비
10.4운중성
10.7안문관
10.8진사
10.9진양고성
10.10관유적
10.13사원지전
10.11강주대강
10.14무릉 건릉
10.15귀국
10.12포주고성

탁발선비 전체 여정 지도

로도 아주 맛있는 식당입니다.

• 탁발선비 천년기행

흉노 다음에 북방을 장악했던 선비족, 그 가운데서 탁발부의 천 년 역사를 찾아가는 코스도 흥미롭습니다. 한국의 일반인에게 익숙한 역사가 아니고, 코스도 쉽게 찾아갈 곳은 아닙니다. 제가 답사여행을 했을 때에 40일 가까이 걸렸습니다. 가장 북쪽에 초원이 있습니다. 다싱안링 산맥의 북단에서 서쪽으로 넘어가면 후룬베이얼呼倫貝爾이

목동이 양 떼 모는 모습

라는 지역에서 광대한 몽골 초원이 시작됩니다. 행정구역으로는 네이멍구(내몽골) 자치구의 북동쪽 끝자락입니다. 이곳은 삼림과 초원이 교차하는 곳인데, 그 사이로 강들이 휘돌아갑니다. 멋있는 습지도 많이 있습니다. 지리 교과서에서 뱀처럼 흐른다 하여 '사행천'이라 부르는 강입니다. 우리나라에서는 보기 힘들지요. 영월에 가면 한반도 모양의 산모퉁이를 한 바퀴 빙 돌아 강이 흐른다고, 그것만으로도 열광하지 않습니까? 후룬베이얼의 강들은 그렇게 휘돌아 흐르는 게 셀 수 없을 정도입니다. 지도를 확대해 보면 뱀 수십 마리가 지나간 자국 같습니다.

이곳 북방 초원의 사람들은 목축으로 생계를 유지하고 있습니다. 유목민이니 자연스레 말을 잘 타는 사람들입니다. 이곳 초원에서는 양 떼 모는 모습을 쉽게 찾아볼 수 있습니다. 그런데 세상이 바뀌어서 요즘 목동들은 오토바이를 타고 양 떼를 몰기도 합니다. 지금은 원거리를 오가는 전통적인 유목은 사라지고 제한된 초지에서 하는 방목만 있는 것 같습니다. 땅에도 각자 소유가 분명해져 남의 땅에 가서 풀을 먹일 수 없기 때문이죠.

제 개인적인 감상이겠습니다만, 북방 초원을 얘기할 때면 남의 일 같지가 않습니다. 왜 그런지는 모르겠습니다. 칭기즈 칸 할아버지가 사돈의 팔촌 같은 느낌이 듭니다. 우리 역사는 북방 역사에 깊이 연계돼 있습니다. 탁발선비는 다싱안링을 사이에 둔 고구려의 이웃사촌이었다가 훗날 중원에서 당나라를 세워 고구려와 최후의 결전을 벌였습

알선동 제문

니다. 이때 남하하지 않고 남아 있던 탁발선비의 한 갈래인 훗날의 몽골족은 칭기즈 칸과 그 후예를 통해 세계 제국을 세웠습니다. 이런 초원의 역사를 현장에서 감상하는 것은 정말 멋진 역사기행입니다. 《어린 왕자》에서 사막에는 우물이 숨어 있어서 아름답다고 하는데, 북방 초원에는 거대한 역사가 드리워 있어서 더욱 위대한 게 아닐까 생각합니다. 북방 초원은 제가 강하게 추천하는 중국 여행지의 하나입니다. 그러나 베이징에서 두세 시간 가면 볼 수 있는 초원은 추천하지 않습니다. '후룬베이얼'이라는 동아시아에서 가장 멋진 초원을 추천합니다. 이곳을 여행하려면 베이징에서 국내선 비행기를 타고 하이라얼海拉爾이란 도시로 가거나, 아니면 헤이룽장黑龍江 성 수도 하얼빈哈爾濱에서 국내선 항공기나 기차 또는 승용차를 타고 가야 합니다.

옆의 사진은 탁발선비 역사를 답사했던 사진입니다. 북위 황제가 대신들을 보내 조상에게 제사를 지내고 그 제문을 동굴 바위 벽면에 새겨 놓았다고 사서에 기록되어 있었는데, 실제 그 석각이 1980년에 발견됐습니다. 알선동嘎仙洞이라는 동굴에 있습니다. 아직까지는 역사학자들이나 가는 코스입니다. 개인이 가는 경우는 별로 없긴 합니다만, 한 번 가볼 만한 곳입니다. 요즘 말로 '강추'하는 곳입니다.

### • 토루를 찾아서

다음 사진은 다큐멘터리에서 많이 보셨죠? '토루'라고 합니다. 둥근 것과 사각형이 있습니다. 원래는 사각형이 많았는데 건축 공법이 발

103

토루

전하면서 원형도 등장합니다. 사각형으로 만들면 귀퉁이가 죽은 공간이 되고, 여럿이 나눠 쓰기가 불편해지죠. 그러나 동그랗게 만들면 죽은 공간도 나오지 않고 공평하게 나눠서 살기가 수월해집니다. 이 지역은 오래전부터 중원의 전란을 피해서 내려온 유민이 많이 몰려든 지역입니다. 유민이 밀려오면 먼저 살던 토착민과의 사이에 크고 작은 갈등이 많았습니다. 그에 따라 도적 떼도 적지 않았지요. 도적 떼라고는 하지만 배고픈 농민이 3, 4일만 굶은 채 자기 마을을 벗어나면 곧 도적이 되는 법입니다. 서로가 서로에게 도적이 되기도 했습니다. 치안을 유지해 줄 황제의 군대는 멀고 도적 떼는 수시로 출몰하는지라, 성채처럼 큰 집을 짓고 그 안에 집단으로 거주하는 독특한 주거문화가 생성된 것입니다. 이렇게 만들어진 민가가 바로 토루지요. 두께가 1미터가 넘는 흙벽을 쌓아 지은 집이라 토루土樓라고 합니다. 주로 푸젠福建 성에 많았습니다.

어느 시골이나 그 지역의 유지가 있습니다. 중국에서는 지역 유지를 '향신鄕紳'이라고도 합니다. 다음 사진에서 보는 집은 '안정보安貞堡'라는 택호가 있습니다. 토루의 일종인데 19세기 말에 지은 것입니다. 전란이 심하고 크고 작은 도적이 들끓던 당시, 이 마을의 향신이 자기 집을 성채처럼 크게 짓고 도적 떼가 나타날 때마다 마을 사람들 전부가 들어오게 했습니다. 향신이 자기 돈을 들여서 비상시 피난용 성채를 지은 셈입니다. 한 번도 도적 떼의 공격에 뚫리지 않았답니다. 자세히 보면 창문이 상하로 길게 뚫려 있습니다. 일반적인 채광창이나 조

안정보

망창이 아니라 사격공입니다. 푸젠 성 샤먼廈門에서 두세 시간 정도 들어가면 쉽게 찾아갈 수 있습니다.

### • 유민의 역사 토루

토루는 유민의 역사와 관련이 깊습니다. 한나라 말기와 삼국시대, 요와 금이 남진했을 때, 쿠빌라이가 중원을 정벌할 때, 다시 만주족이 중원을 정복할 때 같은 격변기에 대량의 난민이 발생했습니다. 대부분의 난민은 중원에서 남쪽으로 이동했습니다. 그런데 푸젠 성이 바로 난민이 지나가는 길목이자 정착지였습니다. 생존을 위해 움직이는 유민들이 조용히 지나갈 수만은 없습니다. 굴러온 돌이 박혀 있던 돌과 싸울 수밖에 없는 상황이 종종 발생하게 됩니다. 유민과 정착민 사이에 치고받고 싸우는 일이 많았습니다. 그래서 집단거주 주택을 만든 것입니다. 이렇게 자리 잡고 사는 사람들을 중국에서는 '하카客家' 또는 '객가인'이라고 부릅니다. 이렇게 살다가 객가인 일부는 광둥廣東 성을 거쳐 동남아 쪽으로 많이 빠져나갔습니다. 그중에는 유럽과 미국까지 이주한 사람도 적지 않습니다. 이들이 바로 화교華僑입니다. 우리나라에 사는 화교는 산둥山東 성 출신이 많습니다만, 전체적으로 보면 푸젠 성과 광둥 성 출신, 소위 객가인이 주류를 이루고 있습니다. 싱가포르의 국부라는 리콴유李光耀 전 수상도 객가인 출신입니다. 동남아 지역의 중국 혈통은 대부분이 객가인 출신이라고 볼 수 있지요. 중국의 민족을 소수민족과 한족으로 분류하는데, 한족의 하위개념으로 민계民系가 있습니다. 객가인은 한족 가운데 하나의 민계를 차지합니다. 우리나라 사람들이 푸젠 성 샤먼에 골프 치러 많이들 가시는데, 여유가 있으면 꼭 토루를 찾아보라고 권합니다. 우리가 겪어 보지 못한 유민 역사의 진한 흔적, 우리와는 전혀 다른 건축문화가 있습니다. 어떤 토루는 호텔로 개발하기도 했습니다. 좋은 숙소는 아닙니다만, 한 번쯤은 묵을 만합니다.

마오쩌둥이 대장정을 떠나기 전에 공산당 지도부로부터 견제를 받고 은거하다시피 했던 곳도 바로 이런 동네입니다. 혹시 김산의 《아리랑》이란 책을 보셨는지요? 거기 보면 '해륙풍海陸豊 소비에트'라는 해방구가 등장합니다. 중국 공산당이 만든 첫 번째 소비에트입니다. 지역적으로 가까운 해풍현과 육풍현을 묶어서 하나의 소비에트를 만들어서 이름이 그렇게 붙었습니다. 김산은 1927년 12월 광저우 봉기에 참가했다가 혁명세력이 3일 만에 밀리기 시작하면서 이 지역으로 탈주했습니다. 해륙풍 소비에트도 광저우에서 가깝습니다. 그곳에서 조금만 더 가면 이런 토루가 많은 지역입니다.

• 대장정과 우리 역사의 흔적

현대 중국의 이해라는 측면에서 마오쩌둥의 대장정 코스는 중요한 길목이 될 수 있습니다. 답사여행으로는 40~60일 정도 걸리는 코스입니다. 실제로 웬만해선 완주하기가 쉽지 않습니다. 2008년에 손호철 서강대 교수 팀이 〈한국일보〉의 후원을 받아 답사한 적이 있습니다. 그러나 베이징 올림픽을 앞두고 티베트에 정치적 사건이 발생하면서 외국인의 출입을 엄격하게 통제하는 바람에, 문제가 생긴 구간을 비행기를 타고 건너뛰어야 했습니다. 그곳은 사실 우리가 아는 행정구역 티베트가 아닙니다. 티베트 사람들의 공동체가 행정구역 티베트인 시짱 자치구 말고도 쓰촨, 칭하이, 윈난 등 다른 지역에도 걸쳐 있습니다. 그곳이 막힌 겁니다. 하지만 제가 갈 때는 다행히 그런 문제가 없었습니다. 이런 연유로 마오쩌둥의 대장정 코스를 완주한 한국인은 제가 최초였습니다.

답사여행을 다녀왔고 그 기록을 월간 연재를 거쳐 단행본으로도 냈지만, 앞으로도 대장정 코스는 동반자들이 있으면 언제든 인솔해서 다녀볼 생각입니다. 보름 일정으로 두 차례로 나누면 완주할 수 있습니다. 대장정 코스는 중국 현대사를 이해할 수 있는 중요한 단서입니다. 대장정의 종착지는 옌안延安이었습니다. 그곳에 도달하기 위해 마오쩌둥의 홍군은 그야말로 미친 듯이 질주했습니다. 얼마나 힘이 들었으면 중간에 린뱌오林彪가 공산당 중앙에 마오쩌둥을 탄핵하기까지 했겠습니까? 어쨌든 중국 공산당과 홍군은 옌안에 도착했습니다. 정확하게는 옌안의 우치吳起. 산시陝西 성 북부에 있습니다. 당시 공산당이 장악한 옌안 지역의 소비에트 행정부 주석이 바로 시진핑 주석의 아버지 시중쉰習仲勛이었습니다. 대장정은 80년 전에 일어난 일이지만 지금도 신중국의 역사에, 신중국의 권력 속에, 그리고 중국인의 가슴에 살아 있습니다. 사실 대장정을 시작할 때만 해도 마오쩌둥에겐 아무 실권이 없었습니다. 명색은 행정부 주석이었지만 실질적으로는 소련 유학파에게 밀려난 허수아비 같은 존재였습니다. 대장정에 참가할지 말지도 스스로 결정할 수 없었습니다. 저우언라이가 데리고 가야 한다고 주장해서 함께 떠날 수 있었습니다.

하지만 마오쩌둥은 대장정을 거치면서 살아나 공산당 실권을 잡았고, 그 대장정에 참가한 사람들이 현대 중국의 뼈대를 구축했습니다. 중화인민공화국은 그렇게 사지에서 스스로의 힘으로 살아난 사람들이 세운 국가입니다. 그 원로 혁명가 중 한 사람의 아들이 바로 시진핑 아닙니까. 중국은 절대로 어영부영 만들어진 나라가 아닙니다. 밀실에서 음모를 꾸미고 광장에 나와 거짓으로 선동, 선전에 열중해서 얼렁뚱땅 권력을 차지한 나라가 아닙니다. 그래서 대장정 코스는 현대 중국을 제대로 이해하기 위해서 밟아볼 만한 길입니다.

우리 역사의 흔적도 중국에 많이 있습니다. 이육사가 '백마를 타고 온 초인'이라고 노래한 사람이 누군지 아시나요? 이육사에게는 어머니의 사촌 오라버니가 되는, 허형식이란 인물입니다. 경북 구미 금오산 뒷자락에서 태어난 허형식은 동북항일연군의 핵심 간부였으나 1942년 서른셋의 나이에 일본과의 전투에서 전사한 독립투사입니다. 그런데 우리나라에는 삭제되다시피 했습니다. 중국 공산당과 협력한 좌파 인물이라는 이유 때문이었습니다. 우리 현대사에서 우리 손으로 없애버린 역사가 정말 많습니다. 요즘 '혈맹'이란 말을 쓰는 것을 보기도 하는데, 혈맹은 허형식이 이끈 동북항일연군 같은 데 써야 하는 말입니다. 동북항일연군은 만주에서 1935년 이후 14년간 한국 사람과 중국 사람이 일본에 대항해 함께 싸우던 군대입니다. '연군'의 뜻이 바로 그것입니다. 같은 목표를 두고, 같이 합동해서 일제 관동군과 만주국 군대에 대항하여 싸우다, 같이 죽었습니다. 지금도 중국이 북한을 끝까지 끌어안잖아요. 이런 혈맹의 역사가 있기 때문입니다. 하지만 안타깝게도 우리가 버린 역사입니다.

해륙풍 소비에트의 김산의 흔적을 찾아본 적이 있나요? 김구 선생 피난한 곳을 찾아가는 프로그램을 혹시 보신 적이 있나요? 임시정부가 있던 상하이만 가보고 대개는 그걸로 끝입니다. 상하이에서 고속철로 30분만 가면 자싱嘉興이란 곳이 있습니다. 중국 국민당의 유력 인사들이 김구 선생과 임시정부 인사들을 숨겨 줬던 집이 그대로 보존되어 있습니다. 이렇게 목숨 걸고 서로를 지켜주는 게 혈맹 아닌가요? 우리 독립운동에 관한 한 중국과 중국인, 국민당과 공산당 모두 우리의 혈맹입니다.

요즘 우리나라 중국 여행객들이 장자제 다음으로 타이항 산(太行山, 태행산)에 많이 갑니다. 인천에서 정저우로 가는 비행기 노선이 생기면서 잘 알려지게 됐지요. 타이항 산은 산시山西, 산둥山東을 나누는 바로 그 산입니다. 원래부터 자연경관이 대단한 곳이기도 합니다. 미국의 그랜드캐니언을 연상하면 됩니다. 등산을 하기에는 더없이 좋습니다. 하지만 이왕 간다면 조선의용대가 피와 땀으로 남긴 흔적도 찾아보면 좋지 않을까요. 윤세주와 정율성이란 이름을 아십니까? 생소하죠.

타클라마칸 사막 풍경

김원봉의 의열단의 후신인 조선의용대 소속의 진짜 독립군 투사들입니다. 약산 김원봉 선생은 충칭重慶의 조선의용대 본부에 남아 있었고, 실제 의용대 대원들은 타이항 산에서 공산당 팔로군과 합동으로 일본에 항거하며 군사작전을 벌였습니다. 지금도 우리나라 광주직할시에 가면 정율성 거리가 있습니다. 정율성은 중국의 인민해방군 군가를 작곡한 작곡가인데 바로 조선의용대 소속이었습니다.

우리가 아는 독립운동의 대부분은 한중 합작이었습니다. 일제가 지배하는 조선 땅에서는 한계가 있었습니다. 그래서 대부분 중국 땅으로 건너가서 항일독립운동에 몸과 마음을 바쳤습니다. 거기서 협조하고 도와준 사람은 대부분이 중국인입니다. 우리 민족의 독립운동사를 생각할 때 만주는 물론이요 타이항 산 같은 곳도 일부러 찾아볼 만합니다.

마지막으로 실크로드를 언급하지 않을 수 없겠죠? 실크로드 풍경은 대개 삭막합니다. 이름은 비단길입니다만 비단결 같은 것은 드물고, 대부분 거친 사막과 오아시스입니다. 하서주랑河西走廊의 끝자락을 한 무제 시절에 점령해서 관을 설치했던 유적이 있습니다. 그 서쪽이 바로 '서역西域'입니다. 지금의 신장新疆이지요. 긴 설명이 필요 없으니 넘어가겠습니다.

다음 지도는 앞서 말씀드린 여러 가지 주제의 여행코스를 지도에 표시한 것입니다. 7번이 탁발선비가 이동한 경로입니다. 역사서는 물론이고 구전으로도 신비족의 이동경로가 선명하게 나타납니다. 나중

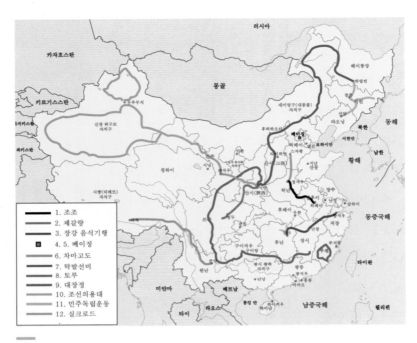

중국 지도에 그린 전체 여정

에 북위를 세우고, 수나라와 당나라를 세워간 코스입니다.

2번 삼국지 코스 중에 우장위안(오장원)은 제갈량이 과로사한 곳입니다. 인재가 없어서 부장이나 국장, 이사가 결재할 것까지 전부 다 본인이 직접 하다가 과로로 죽었죠. 어떤 면에서는 불쌍합니다. 그렇지만 역대 황제들은 제갈량을 가장 좋아했습니다. 대를 이어 충성했기 때문이죠. 모든 엄마가 자기 아이들이 이 사람처럼 총명하기를 바란, 그런 인물이기도 합니다. 월급쟁이로는 가장 출세한 사람이 제갈량이기 때문이겠지요. 제갈량의 북벌 코스도 인문기행으로는 참 재미

있는 코스입니다.

쿤밍昆明에서 라싸(Lāsà, 拉薩)로 가는 6번 여정도 참 좋습니다. 8번은 토루를 찾아가는 여정입니다. 광저우에 가면 중국 군사지역 안에 황포군관학교가 그대로 남아 있습니다. 이곳은 소련의 코민테른이 돈을 대고 국민당이 만든 1차 국공합작의 작품입니다. 교장이 장제스였고 정치부 주임이 저우언라이였습니다. 황포군관학교에도 조선인 졸업생이 적지 않았습니다. 일부는 국민당에, 일부는 공산당에 합류하여 여러 지역의 혁명과 전투에 참가했습니다. 사회주의나 공산주의를 택한 독립운동가들은 타이항 산에서 조선의용대로 항일전투를 벌이다가 옌안으로 들어갔습니다. 중국 공산당은 '조선의용대 전사들은 훗날의 조선 해방을 위해 생명을 잘 보전해야 한다'는 취지에서 조선의용대 몇 배에 달하는 팔로군을 호위부대로 붙여 줬습니다. 그러다가 아예 옌안으로 모두 불러들였습니다. 이렇게 옌안으로 간 조선의용대가 나중에 북한으로 입국했는데 이들을 '연안파'라고 합니다. 김구 선생과 함께 충칭에서 남한으로 귀국한 독립운동가가 약 850명이었는데, 그때 연안파 귀국 인원이 대략 1,100명에 달했으니 얼마나 큰 비중을 차지하는지 쉽게 이해할 수 있습니다.

## 🌸 중국 여행에 요긴한 기술

지금부터는 중국 여행에 필요한 몇 가지 기술을 알려 드리겠습니다. 짧은 시간에 다 익힐 수 있는 것은 아니고, 이 자리에서는 이러이러한 게 있다는 것만 이해하시면 됩니다.

먼저 중국 '말' 배워서 여행하겠다는 생각은 접어야 합니다. 하다 보면 결국에는 가능하기도 하겠지만 결코 쉽지 않습니다. 하지만 여행의 속성이란 게 있죠. 돈 버는 중국어는 어렵습니다만, 돈 쓰는 중국어는 상대적으로 쉽습니다. 돈 쓰는 중국어는 왜 쉽겠습니까? 돈을 벌려는 현지 중국인들이 여행객의 어설픈 중국어를 어떻게든 알아들으려고 노력하기 때문입니다. 별로 걱정할 필요가 없습니다. 중국어에도 아침인사 저녁인사가 따로 있습니다만, 그걸 애써서 익힐 필요가 없습니다. 웃으면서 '안녕', '잘 자', '잘 가'라고 우리말로 인사해도 다 알아듣습니다. 입장 바꿔서 생각해 보면 됩니다. 러시아 사람이 한국 와서 웃으면서 손만 흔들어도 그게 어떤 인사인지 다 알아줍니다. 중국도 마찬가지입니다.

실제로 유용한 중국어는 '말'이 아닌 '글'입니다. 우리도 한자를 오랫동안 사용해 왔기 때문에 조금만 익히면 실제 중국 여행에 굉장히 도움이 됩니다. 문자를 알면 무엇보다 정확하게 소통할 수가 있습니다. 오랫동안 보존할 수도 있고, 또 중국 어딜 가나 통용됩니다. 말을 못해도 스마트폰이나 노트북에 띄우거나 단어를 써서 보여 주면 정확하게 의사를 전달할 수 있습니다.

요즘은 '스마트폰'이 굉장히 유용한 무기가 됩니다. 문자의 유용성은 스마트폰에 그대로 적용됩니다. 여러분이 갖고 있는 스마트폰에 중국 유심 칩을 갈아 끼우면 그 순간 바로 중국 스마트폰이 됩니다.

지도도 매우 중요합니다. 국내 여행할 때 네이버 지도 하나면 문제가 상당 부분 해결됩니다. 중국에서는 바이두百度 지도만 있으면 됩니다. 이런 것이 바로 여행기술이라 할 수 있지요. 이런 걸 약간만 익히면 혼자서든 두세 사람이 힘을 합친 소그룹이든 배낭여행을 즐겁게 할 수 있습니다.

그 다음으로 여행에서 최고의 무기는 '미소'입니다. 남녀 사이에도 가장 강하게 어필하는 수단이 미소입니다. 미소를 머금고 있으면 웬만한 문제는 다 해결할 수 있습니다. 아무리 아름다

왕초의 스마트폰 어플 화면

운 미모를 가지고 있어도 표정이 마네킹 같으면 나와는 아무 상관없는 존재지요. 하지만 시선을 맞추고 미소를 보내면 그 순간 인연이 시작됩니다. 교류하고 소통하고 도와주고 함께하고 싶은 마음이 생기는 것이지요. 사람은 전 세계 어딜 가나 다 똑같습니다.

마지막으로 '여유'입니다. 서둘지 않는 것이 중요합니다. 사실 보디랭귀지만으로도 상당한 문제를 해결할 수 있습니다. 식당에서 외국인이 들어와서는 뭐라고 알아들을 수 없는 외국어를 한다고 생각해 봅시다. 그건 분명히 밥을 달라는 얘기 아니겠습니까? 메뉴를 모르면 옆

테이블에서 식사를 하는 손님의 음식을 손가락으로 가리키면 됩니다. 그러면 종업원이 다 알아듣고 그걸 갖다 줍니다. 웃으면서 천천히 하면 됩니다. 한국말로 해도 다 알아듣습니다. 그게 바로 미소와 여유의 힘입니다.

제가 중국에서도 시골을 자주 다닙니다. 그야말로 백성들이 사는 곳입니다. 남의 집도 쑥쑥 잘 들어갑니다. 단지 웃으면서 천천히, 여유 있는 걸음으로 들어갑니다. 상대방이 편안하게 느낄 수 있도록 하면 됩니다. 혹시 나가라고 하면 그때 나가면 됩니다. 문이 열려 있어서 들어왔다며 인사하면 대부분 낯선 외국 여행객을 환영합니다. 세상은 어딜 가나 똑같습니다.

### 🌸 문자 언어로 스마트폰 활용하기

문자 언어가 중요하다고 말씀드렸습니다. 이것이 오늘의 중국배낭대학의 실질적인 결론이라고 말할 수 있습니다. 하지만 중국어를 사용하기 위해서는 중국어에서 우리말까지 이어지는 연결고리를 이해하고 활용할 수 있어야 합니다.

중국은 간체자簡體字를 씁니다. 우리가 전통적으로 쓰는 한자를 중국에서는 번체자繁體字라고 합니다. 번체자를 쓰기 간편하게 새로 만든 것이 간체자입니다. 우리가 쓰는 한자를 사용하면 중국 사람들은 알아보지 못하는 글자도 일부 있습니다. 제가 2006년에 중국 갔을 때 마흔이 채 안 된 선생님에게서 중국어를 배웠습니다. 그 선생님이 옛날 한자라고 썼는데 제가 별생각 없이 틀렸다고 지적한 적이 있습니다. 선생님 얼굴이 살짝 달아오르더군요. 그 다음부터 번체자를 쓸 때면 은근히 제 눈치를 보더군요. 대학원 나온 선생님도 그런데 일반적인 젊은이들은 어떻겠습니까? 그래서 우리는 중국 여행을 하려면 간체자를 배워야 합니다. 중국에서 한자의 발음은 여러 방식으로 표기하는데 요즘은 대부분 로마자로 표기하는 병음을 사용합니다. 성조까지 표시하는데 그것은 나중 문제입니다. 병음을 알면 사전을 찾을 수 있습니다.

문자 언어가 중요한 이유는 스마트폰을 이용할 수 있기 때문이라고 말씀드렸습니다. 그렇다면 일단 노트북이나 스마트폰에서 중국어를 입력할 수 있어야 하겠죠? 노트북이라면 제어판에 들어가서 언어 선택에 '중국어 간체'를 추가하면 됩니다. 스마트폰에서도 병음 입력기를 내려받아 설치하면 중국어를 입력할 수 있습니다. 로마자 병음을 입력하면 그에 해당하는 한자들이 나오고, 그 가운데 입력할 한자를 선택하는 방법입니다. 또 하나는 손으로 직접 써서 입력할 수 있습니다. 이것은 특히 스마트폰에서 아주 유용하지요. 이것도 어렵다고요? 네, 처음 하는 사람에겐 쉽지 않습니다.

입력 방법을 약간 더 설명해드립니다. '중국'이란 어휘를 예로 들어보겠습니다. '中国'은 간체자입니다. 병음으로는 'zhong guo'입니다. '중궈'로 읽습니다. 우리가 쓰는 번체자로 하면 '中國'이 됩니다. 스마트폰에 간체자로 입력할 때는 병음인 'zhong guo'를 입력하면 됩니다. 각각의 발음에 해당하는 한자들이 화면상에 뜨는데 그중에 원하는 글자를 선택하면 됩니다.

그래도 어렵게 느끼시면 네이버 중국어사전을 활용하시는 것도 좋습니다. 한글로 '중국'을 입력하고 검색하면 중국어로 뜹니다. 거기에 나오는 간체자를 복사해서 사용하면 됩니다. 어렵지는 않지만 이렇게 하면 조금은 번거롭습니다. 지금껏 해보지 않은 일이라 번잡하고 복잡하게 느끼는 겁니다. 약간만 숙달하면 됩니다. 물론 이마저도 싫다면 아까도 말씀드렸듯이 유능한 가이드를 찾아 돈을 뭉텅이로 듬뿍 듬뿍 쓰면 됩니다.

중국 인터넷에도 지도 서비스가 잘되어 있습니다. 우리나라에선 네이버나 다음 지도만 있으면 어디든 갈 수 있습니다. 세계 다른 나라들은 구글로 웬만한 여행은 다 해결됩니다. 그러나 중국에서는 구글 지도가 열리지 않습니다. 그 대신 중국 최대 인터넷 서비스인 바이두의 지도(http://map.baidu.com)를 활용하면 됩니다. 그런데 중국이 워낙 넓다 보니 인터넷이 안 되는 곳이 많습니다. 이때를 대비해 와이파이가 되는 곳에서 바이두의 오프라인 중국 지도离线地图를 내려받아 놓으면 좋습니다. 중국의 성省별로 내려받을 수 있습니다. 중국 전체 지도를 다 받으면 7~8GB 정도 됩니다.

이 지도만 있으면 거의 모든 여행이 가능합니다. 네이버에 있는 기능과 구글에 있는 기능이 이 지도에 모두 들어 있습니다. 내 위치 확인, 지도상의 위치 확인, 노선 찾기路线, 내비게이션导航, 주변 검색附近搜

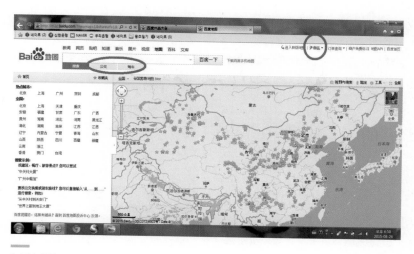

노트북 화면

索, 관광지景点 찾기 등 안 되는 게 없습니다. 다음 사진은 바이두 지도에 제가 즐겨찾기收藏를 해 놓은 곳입니다. 많이도 다녔죠? 답사 갈 곳이 정해지면 미리 다 조사해서 즐겨찾기를 해 놓습니다. 현장에 가서는 스마트폰에 별 표시가 된 곳을 찍으면서 다니면 됩니다. 대중교통 이용 방법, 자가운전 노선도 전부 찾을 수 있습니다. 주변 검색으로 호텔과 식당, 관광지, 버스 정류장, 극장, 은행, 현금인출기 위치정보까지 만사형통에 가깝습니다. 중국에서 택시를 타면 저는 항상 내비게이션 서비스를 켭니다. 중국 현지 택시 기사보다 제가 더 길을 잘 압니다. 지도를 보면서 경로를 바꿔주기도 합니다. 택시 기사가 깜짝 놀란 적이 한두 번이 아닙니다. 그만큼 지도 서비스가 잘되어 있습니다.

간체자를 읽을 수만 있다면 이처럼 어마어마한 정보를 이용할 수

121

씨트립(Ctrip) 화면

있습니다. 물론 자기 계정을 만들어 로그인을 해야 사용할 수 있는 서비스입니다. 계정 만들기도 쉽습니다. 회원가입注册은 이메일만 있으면 됩니다. 로그인은 등록登录한다고 합니다.

　다음은 지명을 익혀야 하겠죠? 베이징에서 상하이로, 상하이 안에서도 신천지로 가고 싶다면 지명을 간체자로 알고 입력할 수 있어야 합니다. 영어는 크게 쓸모가 없습니다. 중국에선 '호텔'이라고 말하면 길에서 만나는 대부분은 알아듣지 못합니다. 상하이 신천지에서야 알아듣는 사람이 많겠지만 일반적인 중국에서는 어렵다고 보시면 됩니다. 심지어 '택시'라는 말도 모릅니다. 중국어로 해야 알아듣습니다. 하지만 우리 발음이 어설프겠죠? 그때 어정쩡하게 발음하지 말고 써서 보여 주면 완벽하게 해결됩니다. 문자 소통이 중요한 이유가 바로 여기에 있습니다.

메신저 서비스는 카카오톡보다는 '위챗(WeChat, 微信)'을 사용하는 게 좋습니다. 중국에선 카카오톡 서비스가 불완전하기 때문입니다. 기능은 거의 동일합니다. 세계 모든 메신저 서비스는 다 비슷합니다. 사진 보내기, 내려받기 다 가능합니다.

다음으로 숙소나 항공편, 기차편 등의 예약을 할 수 있는 씨트립(Ctrip, 携程, http://www.ctrip.com)이란 사이트와 어플리케이션을 사용하면 아주 유용합니다. 다른 것도 꽤 있지만 저는 이것만 사용했고 이것으로 충분했습니다. 중국 여행과 관련한 대표적인 예약 사이트입니다. 한글 사이트도 구축되어 있습니다. 굉장히 간단합니다. 가입하면 내 계정이 활성화됩니다. 이메일로 인증하면 회원 가입이 완료됩니다. 가입 후 개인 정보를 수정하거나 추가 입력하는 것 역시 우리 사이트와 다르지 않습니다.

씨트립에서는 중국의 모든 교통과 호텔 서비스를 예약할 수 있습니다. 중국 국내선과 국제선 항공편을 전부 이용할 수 있습니다. 여행사를 통해 사는 것과 가격 차이가 나지 않습니다. 어떤 경우엔 여기가 더 싸기도 합니다. 전 세계 여행사들이 사업하기 참 힘들어지죠? 중국 기차표나 시외버스도 예약할 수 있습니다. 예매는 하더라도 표는 현장에서 다시 받아야 합니다.

어플리케이션도 한국어 버전과 중국어 버전이 있는데 중국어 버전이 기능이 훨씬 풍부합니다. 한글 앱은 가벼운 앱입니다. 자주 사용하는 노선은 저장이 되기 때문에 다시 검색하지 않아도 됩니다. 친구 이름도 등록해 둘 수 있습니다. 항공편을 예약한 다음에는 좌석 지정도 가능합니다. 물론 예약을 취소할 수도 있습니다. 호텔 비용은 프런트에 직접 지불現付하는 게 좋습니다. 한국 신용카드로 미리 결제預付할 수도 있지만 숙박비 이외에 결제 수수료도 비싸고 일정을 변경하게 되면 손해를 보기 때문입니다.

중국에 자주 다니시는 분이라면 중국 은행에 계좌를 만들어 현금인출카드銀行卡를 받아 사용하는 것이 좋습니다. 외국인도 여권만 있으면 은행을 방문해서 현장에서 만들 수 있습니다. 은행 구좌가 열리면 핸드폰에서 입출금 및 송금 서비스를 다 할 수 있습니다. 우리나라 인터넷 뱅킹보다 간편합니다. 우리나라는 공인인증서가 있어야 하지만 이 나라에는 없습니다. 요즘은 알리페이Ali Pay가 중요한 결제수단으로 부상하고 있습니다. 알리페이는 마윈의 알리바바에서 제공하는 결제 서비스입니다. 애플페이, 삼성페이와 같은 개념입니다. 중국에는 알리페이 쓰는 곳이 많습니다. 이걸로 용돈을 주기도 하고 축의금도 대신 보낼 정도지요. 메이퇀美团이란 서비스도 있습니다. 공동구매로 유명한 사이트인데, 각종 쿠폰과 할인용품을 구매할 수 있습니다. 중국 어플리케이션에 좀 익숙해지면 도전해 볼 만한 고급 서비스입니다.

그런데 이런 것들을 제 이야기만 듣고 할 수 있을까요? 없습니다. 근본적으로 중국어 문자와 중국어 어휘를 익히고 스마트폰에서 응용해야 하는 것이니 독학으로는 불가능합니다. 우선 중국어 학원을 초급반 한두 달은 다녀야 합니다. 그래야 중국어 발음과 병음 같은 중국어 기본을 익힐 수 있습니다. 그 다음에 인터넷과 스마트폰 사용에 관해서는 한 시간에 2만 원 정도 내면 중국어를 잘하는 아르바이트 과외선생을 얼마든지 구할 수 있습니다. 그렇게 해서 몇 시간 배우면 기본은 됩니다. 이게 가장 빠른 중국배낭대학 예비과정 이수 방법입니다. 그 다음은 실제 여행을 다니면서 하나하나 익혀가는 것입니다.

### 🦁 나름대로 중국을 즐기는 사람들

또 다른 방법도 있습니다. 혹시 기회가 되면 중국에서, 예를 들어 윈난 성 수도인 쿤밍에서 한 달 살아보기를 해보세요. 할 수 있습니다. 물론 처음부터 혼자 할 수는 없습니다. 친구든 친척이든 지인이든 소프트 랜딩을 도와줄 안내인이 있어야겠죠? 쿤밍에는 실제로 이런 일을 할 수 있는 저의 한국인 친구도 있습니다. 이 사람을 통해서 쿤밍 몇 달 살아보기를 하고 있는 사람도 만나본 적이 있습니다. 나이가 60대 초반인데 철도공무원 출신입니다. 은퇴한 뒤 쿤밍에서 석 달을 살아보기로 작심하고 떠났습니다. 지금까지 말씀드린 초보적인 학습을 거쳐 도전한 겁니다. 정말 성실하게 평생 기관사로 일하신 분입니다. 현재 쿤밍의 윈난 대학교 사범대학에서 중국어를 배우고 있습니다. 공부를 하는데 듣는 순간 잊어버려서 무척 힘들다고 말씀하십니다만, 현지에 가서 부딪치면서 중국어는 물론 스마트폰을 이용해서 여행하는 것을 다 익혀서 주말이면 여행을 다닙니다. 거기서 3개월 정도만 버틸 수 있다면, 그 이후에는 본인이 가고 싶은 곳은 어디든지 갈 수 있습니다. 혼자가 쓸쓸하다면 동반자를 구해서 가면 됩니다. 이렇게 연착륙을 해서 석 달이 지난 뒤 눌러앉았습니다. 지금은 아무렇지도 않게 현지인처럼 중국을 여행하면서 잘 살고 있습니다.

제가 낸《길 위에서 읽는 중국현대사 대장정》을 열심히 읽고 직접 35일에 걸친 답사에 나선 분들도 계십니다. 나이 칠십의 두 분이었습니다. 해군사관학교 동기 출신으로 한 사람은 중국어를 아주 약간만 하고, 다른 한 분은 전쟁역사에 관심이 많았습니다. '죽기 전에 대장정 답사는 꼭 해보고 싶다'는 생각을 하고 있다가 이 책을 만난 것입니다. 여러 곳을 거쳐서 제게 연락이 왔습니다. 저를 인솔자로 해서 가고 싶다고 하는데, 그렇게 되면 비용이 너무 많이 들어가니 제가 현지 사정에 대해 여러 가지 코치만 해주었습니다. 한 사람이 중국어가 약간 되기만 해도 아주 유리한 것이지요. 게다가 제가 대장정 답사할 때 동행했던 중국인 기사에게 연락해서 전용차량을 확보해 줬습니다. 그 차로 답사를 떠났습니다. 그때 마침 저는 실크로드 여행길에 나섰습니다. 제가 우루무치에서 시안으로 가는 길이었는데, 우연히 그 두 분도 거의 같은 날에 시안에 도착하게 되어 있더군요. 일정을 약간 조정해서 시안에서 만났습니다. 저는 감동했습니다. 소름이 끼치더군요. 저희 실크로드 답사 일행과 함께 멋진 고급식당에서 화려한 만찬으로 대접했습니다. 백세 시대에 칠십은 청춘입니다. 친구 둘이 의기투합해 35일간 대장정 답사에 나선다는 사실이, 그 자체만으로도 멋지지 않습니까?

　이런 젊은이도 있습니다. 자전거로 유라시아 대륙 횡단에 나선 스물다섯 살 젊은이인데, 중국 여행 중에 현지 여행정보를 검색하다가 제 블로그를 보게 됐습니다. 그것이 인연이 되어 카톡으로 이야기를 나눴습니다. 제가 나름대로 응원을 했지요. 이 청년은 동행 두 사람과 함께 중국 대륙을 자전거로 여행하고 있었습니다. 직접 만난 적은 없습니다만, 세 친구가 여행하며 찍은 사진을 저에게 보내 주기도 했습니다. 젊은이들이니까 할 수 있는 도전인 것 같습니다.


### 🌸 여행이란

　지금까지 제가 했던 여행 경험을 중심으로 두서없이 말씀을 드렸습니다. 제가 대학에서도 강의할 기회가 생기곤 합니다. 그럴 때마다 항상 하는 얘기가 있습니다. 취미 난에 독서나 여행이라고 쓰는 것은 바보짓이라는 겁니다. 독서와 여행은 원래 꼭 해야 하는 중요한 일생의 과업이자 성장의 과정입니다. 삼시 세끼가 취미가 될 수 없는 것과 같은 이치입니다. 학교란 강제로 책을 읽게 하는 곳이 아닐까요? 그렇다면 학교는 책 속으로 가는 여행입니다. 여행은 그 반대로, 길에서 읽는 책입니다.

　젊은 여행자들에게 당부합니다. 여행 가서 술 마시고 취하지 말라고요. 술은 서울에서 느긋하게 마시면 됩니다. 여행을 가서까지 그럴 필요는 없습니다. 또 한 가지는, 여행이 시간이나 돈이 남아서 하는 거라고 생각하지 말라는 것입니다. 바빠서 여행을 갈 수 없다는 이야기는 제 생각에 헛소리입니다. 여행까지 넣어서 내 일정이 그렇게 바쁘다고 해야 맞습니다. 독서와 마찬가지로 시간이 남아돌아서 여행을 가는 것이 아닙니다.

처음 시작할 때 말씀드린 것처럼 제가 사는 모습 자체가 염장 지르는 면이 있습니다. 이왕 나온 말이니 그런 측면에서 더 강하게 말하자면, 사실 여행은 '지르는' 사람만의 특권입니다. 반대로 여행이 부럽다면 그것은 주저하는 자의 묘비명에나 쓸 수 있는 말에 지나지 않습니다. 물론 여행을 많이 간다고 더 의미 있는 것은 아닙니다. 그보다는 어떤 여행을 기획하고 어떻게 실행하느냐가 중요합니다. 그런 생각으로 기회가 된다 싶으면 바로 지르는 게 진짜 여행입니다.

중국이란 곳은 바로 옆에 사는 우리가 알아야 할 곳입니다. 친해질 수 있고, 친해지면 좋을 나라입니다. 싸우면 곤란한 나라이기도 합니다. 이번 강의를 통해 여러분이 중국 여행을 더 즐겁고 재미있게 생각하시면 좋겠다는 바람을 해봅니다.

*사진: 윤태옥 제공

기마 트레킹 모습

# 중국인이 열광한
# 중국의 명품

| 리무진 |

# China

가짜의 천국으로 악명 높은 중국. 그러나 가짜 못지않게
명품도 많이 있다. 푸얼차, 자사호, 침향과 향로 등 중국인
뿐만 아니라 전 세계의 수집가를 실레게 하는 중국의 명품
을 만난다. 이를 통해 옛것을 사랑하고 그것을 계승 발전
시키는 중국인의 특성을 재차 발견할 수 있다.

안녕하세요. 일곱 번째 강의를 맡은 이무진입니다. 오늘 강의에서는 중국 사람들이 사랑하는 중국의 명품에 대해 이야기를 하고자 합니다. 사실 저는 중국 고전문학이 전공이고, 솔직히 명품에 대해 잘 알지도 못합니다. 어쩌다 보니 중국 물건을 한 점 두 점 구입하게 되어서 10여 년 동안 물건 수집에 빠져 살았네요. 제 전공분야가 아닌 만큼 중국 명품의 예술적 가치를 말씀드리기는 어렵고, 그저 물건들을 수집하면서 제가 느꼈던 것과 그 과정에서 터득한 중국인의 습성 따위를 이야기하려 합니다. 이후 여러분이 중국을 여행하실 때 어떤 물건을 보고 '이게 이 아무개가 말한 그 물건이구나' 하고 알아보실 수 있다면 제가 오늘 강의한 보람이 있을 것 같습니다. 오늘 강의는 '중국 명품학'이 아닌 저의 '좌충우돌 중국 물건 수집기' 정도로 생각하고 들어주시면 좋겠습니다.

현재 저는 연성대학교 관광중국어과에서 학생들을 가르치고 있습니다. 예전 안양공전, 안양과학대학으로 이름을 바꿨다가 최근에 연성대학교로 이름을 바꾼 곳입니다. 제 이름은 '없을 무無'에 '다할 진盡'입니다. 이름이 너무 거창하죠? 중국 사람들은 제 이름을 보고 눈이 휘둥그레집니다. '이게 사람 이름이냐? 끝이 없다니?'라는 반응을 보입니다. 두음법칙을 사용하지

않고 북한식으로 발음하면 리무진이 됩니다. 리무진 버스도 있고, 에쿠스 리무진도 있죠? 운전석과 칸막이로 구분되어 있는 자동차를 그리 부르더 군요. 영어로는 줄여서 '리모limo'라고도 말하더라고요. 지금까지 사는 동안 이름의 의미가 너무 거창해서 삶이 힘들었다고 여긴 저는 이 리모를 '리모李某', 즉 '이 아무개'로 만들어서 아이디나 닉네임으로 사용하고 있습니다. 치기 어린 장난이긴 하지만 재미있지 않나요?

먼저 제가 중국 물건 수집에 빠지게 된 사연부터 말씀드리겠습니다. 1996년 이었습니다. 석사논문을 쓰다가 갑자기 부정맥이 생겨서 시술을 받는 일이 생겼습니다. 지금은 덤덤하게 말하지만 정말 죽음 일보 직전까지 가는 일 이었죠. 1997년에도 부정맥이 재발해서 다시 시술을 받고 그 후유증으로 3년 가까이 병상에 누워 있었으니, 제 일생에 가장 힘든 암흑기였습니다. 그 전까지 엄청나게 마신 술도 이때를 계기로 마시지 못하게 되었습니다. 그때 술을 대신할 수 있는 무언가를 찾게 되었는데, 그것이 바로 차茶였습 니다. 시간이 지나면서 차에 몰두하고, 다도구茶道具를 모으고, 자연스럽게 다른 기물에까지 관심의 폭이 넓어지게 되었습니다. 차를 마시는 행위에서 시작하여 중국 공예와 명품에 관심을 갖고 수집하게 된 것이지요. 사실 중 국 사람들이 명품 수집에 열을 올리게 되는 과정도 이와 꼭 닮아 있습니다.

제가 점점 중국 사람들이 하는 대로 행동하며 그들의 습성을 닮기 시작한 것이지요. 그래서 생각했습니다.

'중국 사람들이 좋아하는 물건, 또 명품이라고 할 수 있는 것을 보면 중국 사람들이 갖고 있는 그들만의 특성을 파악할 수 있지 않을까.'

이 시간에는 제가 좌충우돌하며 수업료를 톡톡히 내고 겪었던 경험담을 말씀드리고, 아울러 그 과정에서 느꼈던 중국 사람의 일면을 알아보는 시간이 되었으면 합니다.

### 🍂 사람을 읽는다는 것

저는 사람은 저마다 타고난 운명이 있다고 믿습니다. 한 사람 한 사람 타고난 그릇의 크기가 정해져 있고, 노력 여하에 따라 자신의 행복을 그릇 속에 담을 수 있다고 생각합니다. 그래서 저 스스로를 숙宿명론자가 아닌 운運명론자라고 말하고 다닙니다. 전 어려서부터 사람과 사람의 마음을 읽는 데 관심이 많았습니다. 혼자 책도 보고, 나름 연구도 했습니다. 사람 잡는 선무당이었죠. 아직도 포켓사이즈의 《독심술》, 《주역》 같은 책을 읽었던 기억이 납니다. 초등학교 때 학년마다 좋아하는 여학생이 있었는데요, 그냥 좋아하고 만 것이 아니라 '걔도 날 좋아할까'를 궁금해 하다가 생년월일을 기어코 알아내서 궁합을 봤습니다. 만약 둘이 결혼한다면 어떨까 하는 생각이었죠. 굉장히 발칙하죠? 제가 4, 5학년 때부터 덩치가 커서 허우대가 어른처럼 보였습니다. 콧수염도 거뭇거뭇했고요. 이때 읽었던 책들의 내용이 어땠냐고요? 내용은 다 까먹었습니다만, 몇 가지 대목은 아직 기억이 납니다.

먼저 《독심술》에서 읽은 것을 토대로 여러분께 한 번 물어볼게요. 1부터 4까지 하나만 생각해 보십시오. 몇 번을 떠올리셨나요? 3이 아닌가요? 맞지요? 사람들은 이렇듯 대부분 3을 생각합니다. 80%는 3을 떠올리는 것 같습니다. 하지만 "1이나 2를 생각한 저는 뭐예요?"라고 반박하는 분도 꼭 나오죠? 그땐 '별종'이라서 그렇다고 대답해 줍니다. 《독심술》에 보면 1부터 4까지 중에 사람들은 대부분 바깥쪽인 1과 4는 빼고 생각한다고 합니다. 2와 3 둘만 남는데, 기왕이면 큰

쪽인 3을 선택한답니다. 객관식인 사지선다형 문제의 답도 그렇지 않습니까? 가장 많은 사람이 3을 선택합니다. 문제를 내는 선생님도 사람인지라 인위적으로 시험문제 해답의 개수를 동일하게 하지 않는 한 3번이 답이 되는 경우가 가장 많습니다.

《주역》은 동전으로 보는 주역점의 내용을 담고 있었습니다. 동전 6개를 놓고 주역을 이용해서 현재의 운을 판단하는 거죠. 십 원짜리 동전으로 주역점을 본다고 한다면 먼저 숫자가 있는 쪽을 뒷면, 다보탑이 있는 쪽을 앞면으로 정합니다. 앞면은 양효陽爻, 뒷면은 음효陰爻. 효가 3개 모이면 '괘卦'라고 합니다. 8괘라는 말 들어 보셨죠? 태극기는 4괘입니다. 괘는 모두 64개가 나옵니다. 동전으로 그 괘를 보는 것이죠. 동전을 두 손 안에 두고 흔들고, 되었다 싶은 생각이 들 때 흔들기를 멈추고 밑에서부터 동전을 뽑니다. 이 동전 하나하나가 '효爻'가 되는 것이죠. 한번은 제가 좋아하는 한 여학생의 마음이 어떨지를 두고 동전점을 이용하여 운을 점쳐 본 적이 있습니다. 그런데 그때 모두 앞면이 나오더군요. 매우 길한 점괘였습니다. 괘사卦辭라고 괘를 설명해 놓은 부분을 읽어 보니 제가 뽑은 점이 '비룡재천', 즉 '용이 날아서 하늘에 있다'라는 해석이었습니다. 저도 확신을 했죠. '걔도 나를 좋아하는구나' 하고요. 그런데 해석이 너무 좋게 나왔잖아요. 그래서 혹시 몰라 주역에 능통한 어머니 친구분께 자문을 구했습니다. 어머니 친구분께서는 "네가 공부를 마음에 두고 흔들었으면 성적이 많이 오르는 좋은 운이 든다는 거다. 그런데 만일 다른 것을 생각했다면 마음만 앞서고 있는 것이지"라고 해석을 들려주셨습니다. 결국 저 혼자 좋아한 거죠. 이후로도 동전점을 이용한 점괘가 은근히 잘 맞아서 종종 보기도 했습니다. 하지만 독심술이든 주역이든 제가 원하는 사람의 마음을 읽고 그 사람을 알 수 있는 그런 방법은 아니었습니다. 저는 사람을 한 번 쳐다보기만 해도 그 사람이 어떤 사람인지 훤히 볼 수 있을 줄 알았거든요.

### • 물건을 보면 사람이 보인다

저는 독심술이나 주역 모두 인간의 드러난 면을 보고 유추해서 사람을 판단하는 것이라고 생각합니다. 독심술도 마음이 아닌 어떤 사람의 표정과 말투, 그 사람이 사용하는 물건 따위를 보고 그 사람의 심리를 읽는 것이더군요. 주역 역시 동전으로 대변되는 괘에 나타난 바를 근거로 운세를 파악하는 것이고, 사주四柱라는 것 또한 사람이 태어난 생년월일시를 보고 그가 갖고 있는 운명의 패턴을 알아내는 것입니다. 결국 사람이 사람을 파악한다는 것은 겉으로 드러난 말투나 행동, 옷차림, 가지고 있는 물건 등을 통해 짐작하는 것입니다. 그 사람이 좋아하는 물건이나 아끼는 것들을 보면 그 사람의 성향을 파악할 수 있고, 그 사람의 인성과 그가 갖고 있는 물건의 물성이 상당히 닮아 있는 경우를 많이 발견할 수 있습니다.

예를 들어 만년필을 좋아하는 사람을 생각해 봅시다. 아무래도 그 사람은 디지털 기기보다는 아날로그를 선호하는 경향이 있지 않을까요? 메모지에 적는 것을 좋아하고 틈날 때마다 사유하기 좋아하는 성격이 아닐까요? 카메라도 그렇습니다. 대체로 남자들이 좋아하는 물건이죠? 카메라에 집착하는 사람들은 아무래도 동적인 사람들일 겁니다. 게다가 그 카메라가 '라이카'라면 어떨까요? 카메라를 가지고 있는 사람이 부자거나 아니면 카메라 마니아가 아닐까요? 이처럼 물건 하나만 봐도 한 사람의 성격을 어느 정도 파악할 수 있습니다.

중국 물건을 계속 수집하다 보니 중국 사람들이 사랑하는 물건에 담긴 어떤 속성이 중국인과 많이 닮아 있다는 생각을 하게 되었습니다. 오랫동안 사랑받은 물건에는 면면히 내려오는 어떤 DNA 같은 것이 내재되어 있다는 느낌이 듭니다.

## 🌸 조선시대의 중국 명품 수집

중국의 명품을 거론하면 중국에 무슨 명품이 있냐고, 중국은 '짝퉁'이나 만들어 내는 나라라고 코웃음 치는 분들이 계십니다. 하지만 중국은 폭넓은 수준의 상품을 만들어 내는 나라입니다. 예컨대 가장 질 좋은 차茶를 생산하는 곳도, 가장 저급한 차를 생산하는 곳도 중국입니다. 가장 수준 높은 도자기를 생산하는 곳도, 가장 쓰레기 같은 도자기를 생산하는 곳도 중국입니다. 우리가 늘 접하는 저가의 중국산 제품만을 보고 그들이 짝퉁만 생산한다고 생각하는 것은 단면만 보고 중국을 평가하는 것이죠. 그들이 세상의 중심이었던 이전 시기에 중국의 물건은 세상 사람들에게 명품의 다른 이름이었습니다. 우리

김홍도 작 〈자화상〉, 평양 조선미술박물관 소장(위)
비연호(아래)

선조들에게도 예외는 아니었고요.

고려시대나 조선시대에 중국에서 가장 많이 들여온 건 서책입니다. 《홍길동전》을 지은 허균 같은 이는 중국에 갈 때마다 몇 수레의 책을 구입해오곤 했다고 합니다. 베이징 류리창(琉璃廠, 유리창)은 골동품이나 문방사우, 서책 등을 파는 우리나라의 인사동 같은 곳으로, 예전에도 서책을 파는 서점이 밀집한 지역이었습니다. 우리나라 사람의 책에 대한 집착은 남달랐던 것 같습니다. 안타깝게도 허균은 훗날 반역죄로 사형에 처해집니다만 그가 가져온 책들은 일가친척에게 흩어져 조선 후기 북학파의 지적인 토대가 되었다고 합니다.

조선시대 후기 서울에 거주한 경화사족京華士族은 중국의 명품을 사랑하고 수집했던 소비계층입니다. 그들의 소비형태의 일단을 김홍도의 그림에서 발견할 수 있습니다. 현재 평양에 보관되어 있는 김홍도의 〈자화상〉을 보시죠. 김홍도의 모습 뒤로 그가 수집한 듯 보이는 여러 중국 물건이 보이지 않습니까? 책은 기본으로 있고요, 그 위에는 코담배를 보관하는 '비연호鼻烟壺'로 추측되는 물건이 놓여 있습니다. 그 밑으로 중국 서화가 보이고요. 향로 같아 보이는 것도 있습니다. '가요哥窯'로 추정되는 중국 송대 도자기도 보입니다. 명대와 청대에도 옛날 것을 모방하여 만들어 냈으니 반드시 송대 도자기라고 할 수는 없겠습니다. 화병도 있네요. 또 작은 산처럼 생긴 '필산筆山'이라고 붓을 놓아두던 물건도 있습니다. '작爵'이라고 하는 술잔이 있는데요, 옹이 같은 것이 있는 걸 봐서 술잔은 아니고 나무로 만든 필통이 아닌가

합니다. 벼루도 보이고요. '단계연端溪硯' 혹은 '흡주연歙州硯'으로 알고 구입을 했겠죠? 이것을 둔 탁자 역시 중국에서 만든 것으로 보입니다. 조선 후기에도 이렇듯 중국 명품 수집의 열풍이 불었던 듯합니다. 〈포의풍류도〉라는 김홍도의 또 다른 그림에도 중국의 기물로 보이는 것들이 그려져 있습니다. 그림, 책, 화병, 향로, 동으로 된 화로, 칼, 비파, 벼루도 보이고요. 중국 남방 식물인 파초도 보입니다. 이러한 것들 대부분은 아직도 중국인들이 사랑하는 물건입니다. 여전히 만들어지고 적지 않은 중국인이 수집하고 있는 명품이지요. 돈을 벌 수 있기 때문에 짝퉁 역시 많이 존재합니다. 여담입니다만 조선시대에도 상당수의 중국 짝퉁 명품을 구입해 왔다고 합니다. 예나 지금이나 명품보다 더 많은 복제품이 넘쳐 나는 게 사실입니다.


### 🌸 푸얼차

아까 말씀드린 대로 저는 건강을 잃은 후 술을 끊고 차를 마시게 되었습니다. '이차당주以茶當酒'라는 표현이 있는데요, 차로 술을 대신한다는 뜻입니다. 이 표현은 제가 술을 끊은 이후 가장 많이 사용한 중국어가 아닐까 생각합니다. 술을 끊은 후에도 저는 제가 재직하는 학교의 대외협력업무 때문에 중국 사람들과 술자리를 가질 기회가 많았습니다. 보통 중국 출장을 가서 중국 사람들과 업무를 진행할 경우, 저녁에는 반드시 연회에 참가해서 술을 마시게 됩니다. 이들과 술을 마시게 되면, 먼저 53도의 고량주를 아홉 잔 정도 마시면서 서로

우의를 다집니다. 이후 계속 주거니 받거니 하게 되고요. 적게 마셔도 500ml짜리 한 병은 마시게 되죠. 매일 한 병씩 일주일 동안 53도의 술을 마시는 일이란 정말 곤욕이 아닐 수 없습니다. 몸에 불을 붙이면 몸이 탈 것 같더라고요. 김동리의 소설 《등신불》의 주인공처럼 말이죠. 하지만 권하는 술을 마시지 않는 것 역시 예의가 아니기 때문에 어쩔 수 없이 마시게 됩니다.

어쨌든 저는 지금도 술은 멀리하고 차를 매일 마십니다. 처음 차를 시작할 때 여러 종류의 차를 마셨습니다. 녹차를 비롯해 홍차, 우롱차 등을 말이죠. 그러다 푸얼차(普洱茶, 보이차)를 마시게 되었습니다. 푸얼차를 선택한 이유는 딱 하나, 오래 두고 마실 수 있어서였습니다. 어떠한 종류의 차든 1년에서 2년을 넘기면 차의 맛과 향이 떨어집니다. 유통기한이 짧다는 이야기지요. 반면 푸얼차는 오래 보관하면 할수록 좋아진다고 하니 얼마나 좋습니까? 게다가 처음에 싸게 구입한 차도 시간이 지나면 지날수록 가격이 급등한다고 하니 그야말로 일석이조라고 할 수 있죠. 그런데 제가 중국 물건을, 중국 사람을 너무 만만하게 보았더라고요.

2004년 중국 출장이 잦던 저는 귀국길에 중국의 차 시장에서 1,000위안을 주고 푸얼차 한 덩어리를 구입했습니다. 국내에서 구입하는 것보다 현지에 가서 구입하면 저렴하게 구입할 수 있다고 생각했기 때문입니다. 귀국 후 그것을 차에 조예가 있는 대학 동기와 함께 마셨습니다. 그런데 그 친구가 맛을 보더니 바로 버리라고 하는 거예요. 헛

보관이 잘 된 묵은 푸얼차

돈 썼다고, 이건 마시면 건강에 좋지 않은 차라고 말하는 겁니다. 사실 중국에서 푸얼차를 사기 전 시음을 했을 때 목구멍이 따끔거리고 술에 취한 듯이 어지러운 증상이 있었는데, 푸얼차는 원래 그런 것인 줄 알았죠. 뭐 술에 취한 것 같아 기분이 좋기도 했고요. 단지 입이 바짝 마르는 게 거슬리긴 했습니다. 그런데 친구 말이 이건 습濕을 일부러 먹인, 곰팡이 맛이 나는 차라는 겁니다.

사실 푸얼차는 홍콩과 타이완 등 남방의 더운 지역 사람들이 선호하는 차입니다. 중국 대륙 사람들은 이름만 들은 사람이 대부분일 정도로 알려지지 않은 차였죠. 역사적으로도 명대까지는 그저 소수민족이 마시는 변방의 차였습니다. 그러던 것이 청대에 와서 황실에 진상하는 공차貢茶가 된 것입니다. 중화민국 시기에도 윈난 지역과 광둥 지역에서 유행했을 뿐 일반인은 접하기 힘들어 마시지 않은 차입니다. 또한 원래는 묵혀 먹는 차도 아니었습니다. 마방馬幫이라고 불리는 차 상인들이 윈난에서 베이징으로 푸얼차를 운반하면서 적당한 온도와 습기에 노출되면 차가 발효되어 맛이 순해진다는 것을 알게 된 거죠. 후에는 팔리지 않아 상점 한 귀퉁이에 습기를 머금고 묵은 푸얼차를 홍콩 상인들이 이런저런 좋은 말로 포장하여 저렴하게 유통했습니다. 홍콩과 광둥 지역의 상인들은 적당히 습기를 먹고 오래 묵은 푸얼차가 독특한 풍미를 갖게 된다는 것을 알았습니다. 그리고 급기야 푸얼차의 보관기간을 속이려고 차에다 물을 뿌리고 습기 많은 창고에 넣어 두었습니다. 적당한 시간이 되면 다시 창고에서 빼내어 습기를 말리는데, 이 과정을 반복하면 오래 묵은 푸얼차의 맛이 나게 됩니다. 이렇듯 오래 묵은 것처럼 장난을 친 푸얼차를 '습창濕倉' 푸얼차라고 합니다. 습창 푸얼차는 습기를 과하게 먹여 차 표면이 하얗게 서리가 끼는 듯 변질됩니다. 이것을 '백상白霜'이라고 부르고요. 습창 푸얼차가 아니라 제대로 보관된 '건창乾倉' 푸얼차를 사야 했는데, 푸얼차에 대한 지식이 없던 저는 곰팡이 맛을 묵은 맛으로 알고 습창 푸얼차를 사온 것이었습니다. 이렇듯 첫 번째 푸얼차 구입은 차 상인에게 거액의 수업료를 지불하며 헛수고로 끝이 났습니다.

그렇다고 포기할 수는 없잖아요. 오래된 푸얼차는 제대로 살 자신이 없었던 저는 '그해 만들어진 푸얼차를 사면 되겠다' 생각하고 베이징의 차 시장에 가서 상인들의 추천을 받아 몇 편을 구입했습니다. 그런데 이때 중국 사람들 사이에 푸얼차 열풍이 크게 불었습니다. 많은 사람이 수천만 원 넘게 푸얼차를 구입하여 집의 주차장이나 창고에 쟁여 놓았습니다. 그런데 푸얼차가 제대로 된 푸얼차로 불리기 위해서는 몇 가지 조건이 있습니다. 먼저 푸얼차의 재료. 이것을 '모차毛茶'라고 합니다. 이 모차는 윈난에서 자라는 대엽종의 차나무 잎이어야 합니다. 두 번째로 이 모차는 햇볕에 말린 것이어야 합니다. 햇볕에 말리는 것을 '쇄청曬青'이라고 합니다. 이렇게 가공된 모차를 '쇄청모차'라고 합니다. 이러한 쇄청모차만 후발효가 이루어져 온전한 푸얼차가 되는 것이지요. 그런데 제가 사온 푸얼차는 쇄청모차를 재료로 만든 푸얼차가 아니었습니다.

사실 윈난 지역에서는 채엽한 후 찻잎을 지붕 위나 땅에 널어놓고 말립니다. 그러나 생산하는 푸얼차의 양이 많아지고 또 생산시기가 우기와 겹치면, 햇볕에 말리는 대신 고온의 온풍기를 사용하기도 합니다. 이렇게 고온의 온풍기를 사용하여 찻잎을 건조시키는 방식을 '홍청烘靑'이라고 합니다. 그런데 이렇게 고온의 온풍기를 사용하면 잎의 수분이 모두 사라집니다. 이러한 푸얼차는 처음에는 녹차처럼 마시기 편합니다. 하지만 오래 두면 찻잎의 색은 검게 변하지만 차의 맛이 밍밍해지고 변질되어 푸얼차의 깊은 풍미를 기대하기는 힘듭니다. 쇄청한 모차의 빛깔은 대개 검은빛에 가까운 짙은 녹색입니다. 반면 홍청한 모차의 빛깔은 밝은 녹색입니다. 홍청 푸얼차는 오래 두면 그냥 변질됩니다. 차라리 1년 안에 빨리 마시는 편이 낫습니다. 두 번째 베이징 차 시장에서 여러 편 구입한 푸얼차는 대부분 홍청 푸얼차였습니다. 비싼 수업료를 또 지불한 셈이 되었습니다.

그 뒤 어찌어찌하여 국내에서 믿을 만한 차 상인을 알게 되어 푸얼차를 본격적으로 마시게 되었습니다. 그런데 이놈의 푸얼차는 갈수록 말도 많고 탈도 많았습니다. 우리나라 상인들 가운데 어떤 이들은 어느 상점에서 파는 푸얼차는 가짜고 만들어진 시기도 속인다고 험담을 하기 일쑤였습니다. 또 어떤 이들은 교목의 찻잎으로 만든 푸얼차만이 건강에 유익하고, 대부분 유명한 차 공장에서 나온 푸얼차들은 농약을 살포한 관목의 찻잎을 사용하여 만든 것이기 때문에 마셔도 건강에 도움이 안 된다고 주장했습니다. 흔히 교목 찻잎으로 만든 푸얼차는 야생차라고 명명되어 시중에 유통되었습니다. 물론 야생차가 아닐 경우가 더 많았습니다. 요즘에는 교목/관목, 야생차/재배차라는 개념보다 대수차/대지차의 개념을 많이 사용합니다. 야생차라는 말이 사실상 금지되었기 때문이죠. '대수차大樹茶'는 '고수차古樹茶'라고도 합니다. 오래된 나무에서 딴 차를 의미합니다. '대지차臺地茶'는 대량 생산을 위해 둔덕을 만들어서 키운 차나무에서 채엽한 것입니다. 우리나라의 차밭을 생각하시면 됩니다. 고수차와 대지차의 가격 차이가 10배 정도 납니다만 성분을 분석하면 똑같다고 합니다. 하지만 대지차에는 농약을 뿌릴 가능성이 있어 조심해야 합니다.

푸얼차에는 이러한 재료의 구분 이외에 더욱 중요한 분류의 개념이 존재합니다. 바로 '생차生茶'와 '숙차熟茶'의 구분이지요. 생차는 앞서 말씀드린 모차를 오래 묵혀 자연발효된 푸얼차를 의미합니다. 숙차는 쇄청한 모차를 대량으로 쌓아두고 여기에 물을 뿌려 빠른 속도로 인공발효를 시킨 푸얼차를 의미합니다. 원래 푸얼차는 20~30년의 시간이 흐르면서 발효가 되면 깊은 맛을 냅니다. 그런데 30년을 기다리는 게 어디 쉽겠습니까? 그래서 홍콩, 광둥의 푸얼차 상인들이 만든 습창 푸얼차의 제조방식을 응용하여 푸얼차 공장에서 급속하게 발효시켜 제품을 만드는 겁니다. 쉽게 말해 속성으로 발효시켜 더 이상 익지 않는 푸얼차를 숙차라고 보면 됩니다. 숙차는 생차보다 가격이 저렴하고 5년 정도 두었다 먹으면 숙차 특유의 역겨운 숙미도 적당히 빠져 오래된 푸얼차 맛을 냅니다. 여러분이 혹시 푸얼차를 선물받았는데

생차와 숙차

찻잎의 색이 검다면 십중팔구는 푸얼숙차입니다. 제대로 만들지 않은 숙차도 많이 유통되고, 이것을 마실 경우 목이 따갑고 혀가 마르며 심한 경우 가슴이 조이거나 설사를 합니다.

푸얼차를 제대로 구입하기 위해서는 이 정도의 사항을 제대로 이해하셔야 합니다. 너무 복잡하죠? 차는 그냥 우려서 마시면 되는 것인데 어디 제품인지, 어떤 나무에서 딴 것인지, 어떻게 가공했는지를 전부 알아야 하고 이를 무시하면 헛돈 쓰게 되는 것이 정말 골치가 지끈거릴 지경입니다. 푸얼차같이 중국 사람들이 좋아하고 중국에서 유행하는 것들은 대체로 이렇게 복잡한 이야기가 있습니다. 시간을 들여 공부를 해야 자신의 안목을 키울 수 있고, 그런 연후에 가치를 알고 즐길 수 있습니다. 단순하게 접근했다간 수업료만 날리기 십상이죠.

### • 골동푸얼차와 푸얼차의 보관

푸얼차를 마시면서 이따금 좋은 차가 보이면 구입하기도 했는데, 제가 푸얼차를 마시기 시작한 2005년 무렵에도 이미 오래되고 유명한 차는 매우 비쌌습니다. 당시 저렴하게 구입할 수 있었던 차가 2015년에는 끝에 0이 하나 더 늘었습니다. 예컨대 한 편(320g)에 30만 원이면 구입할 수 있었던 1980년대 번체자 철병이라는 푸얼차는 지금은 300만 원이나 해서 구입할 수 없는 차가 되었습니다. 그래도 이때는 골동차를 마시는 모임이 간혹 있었습니다. 대구에서 열린 찻자리에 두 차례 참가했는데 아직도 기억이 생생합니다. 그도 그럴 것이 그때 마셨던 차가 속칭 '푸얼차의 황제'라고 불리는 복원창호福元昌號를 비롯한 정흥호鼎興號, 동창호同昌號 같은 1930년대 골동차였기 때문입니다. 중화민국 시기에는 푸얼차를 만드는 공장의 이름을 따서 차의 이름을 지었는데요, 끝에 '호號'로 끝나는 이러한 차를 '호자급號字級 푸얼차'라고 합니다. 이어서 1940~1950년대에 나온 포장지에 빨간색 '차茶' 자 도장을 찍은 것을 '홍인紅印', 녹색 도장을 찍은 것을 '녹인綠印', 찍은 도장의 색이 변색되어 노란색으로 변한 것을 '황인黃印'이라고 하고, 이를 통칭하여 '인자급印字級 푸얼차'라고 합니다. 호자급, 인자급 푸얼차는 지금은 이미 골동품의 범주에 들어가 대규모 경매 사이트에서 적어도 몇 천만 원에서 많게는 수억 원에 거래되고 있습니다. 당시에 맛본 호자급 푸얼차의 느낌은 말로 다할 수 없습니다. 일생에 한 번 정도는 맛볼 가치가 있다고 생각합니다. 세월을 마신다는 것이 이런 것일까요? 이후 푸얼차를 본격적으로 사 모으기 시작했고, '이렇게 모으다 보면 언젠간 골동차의 맛이 날 것'이라는 기대감도 생겼습니다.

그런데 또 다른 변수가 생겼습니다. 푸얼차는 제대로 보관하는 것이 중요합니다. 처음 차를 모을 때는 보관에 지나치게 민감한 나머지 집에서 음식을 하면 무조건 환기를 했습니다. 차는 냄새를 빨아들이는 탁월한 능력을 가지고 있거든요. 한겨울에도 환기를 위해 창문을 모조리 열었습니다. 그러다 보니 집에서 함부로 고기도 못 굽게 되었습니다. 이러한 문제는 너무 제가 예민하게 군 것입니다. 집 안의 냄새

에 너무 민감하지 않아도 상관없더라고요. 정작 푸얼차 보관의 문제
는 다른 데 있었습니다. 푸얼차가 시간이 지나도 발효가 되지 않는 것
이었습니다. 사실 푸얼차가 익으려면 습도 75%, 온도는 섭씨 25도를
유지해야 합니다. 이러한 조건이 되어야 제대로 발효가 되는 거죠. 그
래서 시간이 나는 틈틈이 가습기를 틀고, 물을 끓이고, 온도를 높이
고, 그야말로 난리를 치곤 했습니다. 그런데도 익지 않는 푸얼차가 있
었습니다. 이미 말씀드린 홍청 푸얼차가 그런 류였습니다. 그나마 제
대로 만든 푸얼차는 온도와 습도가 적정 수준이 아니어도 익어가더
군요. 푸얼차를 보관하는 용기도 문제였습니다. 처음엔 주석으로 된
차통 안에 보관해 봤습니다. 안 익더군요. 자사紫砂 항아리에도 보관
해 보았습니다만 익지는 않고 차향만 날아가더군요. 커다란 우리나
라 옹기에 여러 편의 차를 보관하니 발효가 더딘 단점이 있었습니다.
옹기가 숨을 쉰다고 해도 습기를 막아서 그런 듯했습니다. 결국 이런
저런 자료를 읽고 찾아보니 원래의 포장 그대로 보관하는 것이 좋다
고 하더군요. 푸얼차는 대나무 껍질로 포장을 하는데 이 대나무 껍질
이 외부의 냄새도 어느 정도 막아주고, 스며든 냄새도 뱉어 내는 기능
을 한다고 합니다. 이것이 안 되면 크라프트지로 싸서 보관하는 것이
좋고요. 지금은 그냥 되는대로 신경 쓰지 않고 방치하고 있습니다. 또
한 예전에 만들어진 푸얼차 대부분이 생산년도나 생산한 공장이 표시
되어 있지 않아 스스로 판별할 수 있는 잣대를 가지고 있어야 합니다.
많은 경험과 공부가 필요합니다.

홍인을 모방한 후기 홍인 8892

• 조심해야 할 흑차

푸얼차는 차의 분류상 후발효차에 속합니다. 중국에는 푸얼차와 같은 후발효차를 '흑차黑茶'로 분류하는데요. 중국 변경지역에 사는 소수민족에게 판매하는 차가 대부분입니다. 그런데 이런 흑차는 좀 조심해서 마실 필요가 있습니다.

당나라 때까지 중국인들은 끓는 물에 차를 넣고 거기에 향신료를 더해서 마셨습니다. 마치 우리가 보리차나 옥수수차를 끓여 먹는 것처럼 말이죠. 이러한 방법을 자차법煮茶法이라 합니다. 아직도 티베트와 몽골에선 자차법으로 차를 마십니다. 여기에다 야크 젖 등을 넣어 말이죠. 점차법點茶法은 차를 갈아서 가루로 만들어 마시는 방법입니다. 미숫가루를 물에 타 먹는 것을 생각하면 됩니다. 일본 사람들이 말차 마시는 방법이 이 점차법입니다. 찻잎을 우려서 먹는 포차법泡茶法은 명나라 이후에 사용된 방법입니다.

그런데 소수민족들이 흑차를 마시는 방법이 자차법입니다. 푸얼차를 파는 일부 상인들이 푸얼차를 마실 때 추천하는 방법이기도 하구요. 주전자에 물과 푸얼차를 넣고 1.5리터의 찻물이 1리터가 될 때까지 우려서, 여기에 생강이나 계피를 넣어 마시라고 합니다. 또 이렇게 먹으면 푸얼차의 색다른 풍미와 열감을 느낄 수 있는 것이 사실입니다. 그런데 푸얼차 이외에 다른 흑차는 이러한 자차법으로 먹으면 몸에 해롭다는 것이 최근 연구로 밝혀졌습니다. 후난의 천량차千兩茶, 복전차茯磚茶, 쓰촨의 강전차康磚茶 등은 어린 찻잎이 아닌 쇤 찻잎으로 만들었다는 공통분모를 갖고 있습니다. 차는 갓 나온 새순, 즉 여린 잎으로 만든 것이 좋은 등급의 차입니다. 그런 높은 등급의 원료로 만든 차를 소수민족과 거래해도 이문이 남지 않으니, 상품성이 없는 늙은 찻잎을 이용하여 차를 만든 것이죠. 이런 차를 자차법으로 마실 경우 불소나 기타 발암물질이 용출되어 뼈가 녹고 암에 걸린다고 합니다. 유목을 하며 사는 소수민족 사람들은 비타민 등이 부족하여 차를 마시지 않으면 안 되는데, 참으로 진퇴양난이 아닐 수 없습니다. 그런데 이런 흑차가 푸얼차와 같은 효능을 지닌 차로 우리나라에도 유통된다는 게 문제입니다. 진년 강전차, 진년 복전차, 춘첨春尖, 공첨貢尖 같은 이름으로 말입니다. 푸얼차가 유행하니 시류에 편승해 사람들을 기만하는 것이지요.

제가 차를 마신 지 12년 정도 됩니다. 저는 부정맥 문제로 술을 대신해서 차를 마셨고, 확실히 건강해졌습니다. 이러한 경험으로 심장과 혈관에 문제가 있다면 차가 어느 정도 효과가 있다고 생각해 다른 이에게 적극 추천합니다. 하지만 위가 약하거나 뼈에 문제가 있는 분은 굳이 차를 드실 필요가 없다고 봅니다. 차가 약도 아니고 차는 차일 뿐이거든요. 특히 육식을 거의 하지 않는 분들은 차를 많이 드시면 위가 상할 수 있으니 조심하셔야 합니다. 간혹 승려들이 푸얼차로 수행을 한다고 무리해서 차를 마시는 것을 보았는데, 몸을 상할 수 있으니 조심해야 합니다. 또 차는 물이 아닙니다. 오히려 몸의 수분을 다 빼내죠. 때문에 차를 마시면 그만큼의 물을 마셔 줘야 합니다.

강전차(위), 복전차(아래)

흔히들 푸얼차를 알면 모든 중국차의 특성을 파악할 수 있다고 합니다. 그만큼 여러 부분에서 살펴서 확인해야 할 것이 많고 유의해야 한다는 말이겠지요. 저는 많은 수업료를 내며 중국차의 세계에 입문했습니다. 그리고 차를 마시고부터 중국 물건 수집에 몰두하게 되었습니다.

## 자사호의 세계

차에 대한 이해가 넓어지자 차도구를 모으기 시작했습니다. 차를 우려 마실 수 있는 찻주전자인 차호茶壺를 먼저 구입하고, 차를 따라서 여러 사람이 나눠 마실 수 있는 공도배公道杯, 차 찌꺼기를 거르는 거름망, 차를 마실 찻잔, 그리고 중국식으로 차를 마시기 위해 필요한 다반茶盤 등을 샀지요. 이런 것들도 고급으로 구입하려면 만만찮은 돈을 들여야 합니다. 우선 저렴한 차도구를 구입했습니다. 푸얼차의 맛을 잘 내는 자사호紫砂壺를 작은 것으로 구입했는데, 이 자사호라는 것이 아주 흥미로운 물건입니다. 우선 재질과 형태를 잘 알아야 하고 공예의 수준도 볼 줄 알아야 하며 작가에 따라 가격도 모양도 천차만별이더군요. 저의 수집은 이 자사호와 함께 시작되었습니다.

자사紫砂는 장쑤江蘇 성 이싱宜興에서 나는 광석입니다. 이 일대에서만 생산됩니다. 지금은 무분별한 채굴로 매장량이 거의 고갈되어 채굴을 금지하고 있습니다. 황룽 산(黃龍山, 황용산) 일대에서 채굴되는 자사의 품질이 가장 으뜸이어서 명대부터 본격적으로 채굴이 되었습니다. 이제는 모두 캐내어 산은 사라지고 호수만 남아 있습니다. 물론 이전에 채굴한 자사 원광이 아직도 많이 남아 있다고 합니다. 좋은 품질의 원광은 값이 계속 오르고 있고요.

먼저 자사의 기본을 공부하기 시작했습니다. 자사의 종류엔 어떤 게 있을까요? 보라빛이 나는 건 '자니紫泥'라고 합니다. 자니 중에서도 푸른빛의 닭눈鷄眼 무늬가 있는 것을 저조청底槽靑이라고 하여 최고의 재료로 치지요. 가마에서 구워 붉은빛을 내는 자사를 '홍니紅泥'라고 부릅니다. 새알처럼 생긴 것은 석황石黃이라고 합니다. 보통 석황은 주니朱泥를 만드는 재료로 사용합니다. 구울 때 수축률이 커서 큰 찻주전자를 만들면 터집니다. 그래서 대개는 아주 작은 차호를 만듭니다. 또 구워서 연한 누런색을 띠는 것을 '녹니綠泥'라고 합니다. 주니는 홍니 계열로 속하니 자사의 종류는 크게 자니, 홍니, 녹니 세 가지를 꼽을 수 있습니다. 이 세 종류의 자사가 서로 섞여 여러 이름으로 불립니다. 인위적으로 다른 재료를 섞기도 하고 또 굽는 온도에 따라 자사의 색이 달라지기도 합니다.

자사 원광은 몇 가지 가공을 거쳐 찻주전자나 다른 제품을 만들 수 있는 재료로 태어납니다. 자사 원광을 채굴하면 먼저 아무렇게나 방치하여 풍화시킵니다. 이 과정을 통해 자사 속에 있는 잡질이 씻겨 내려가게 됩니다. 다음으로 그것을 맷돌이나 분쇄기를 사용하여 분말로 만듭니다. 채에 걸러 입자의 크기에 따라 각각 분류합니다. 굵은 입자의 자사로 만들면 통기성이 좋아서 차 맛도 좋아집니다. 가는 입자의

자사는 고운 표면의 자사
호를 만드는 데 사용됩니
다. 자사 분말은 다시 물
에 담근 뒤 건조시킵니
다. 그리고 만들어
진 자사 덩어리를
망치로 두들겨 안
에 있는 공기층을 제
거합니다. 이걸 진흙처럼

자사 원광 저조청

만든 뒤 장기 숙성을 합니다.

오랫동안 숙성을 시키면 이를 노니老泥라고 하여 좋은 재료로 꼽습니
다. 이렇게 숙성된 흙으로 찻주전자, 즉 차호를 만드는 거죠.

자사호의 제작은 크게 전수공全手工 제작과 반수공半手工 제작으로
나눌 수 있습니다. 자사호 만드는 도구를 이용해 자사를 두드리고, 자
르고, 자사로 만든 접착제를 이용해 붙이는 작업을 통해 만들죠. 모든
작업을 손으로 하면 전수공, 일부 작업을 모형틀을 사용하여 만들면
반수공이라 합니다. 그런데 사실 전수공과 반수공을 명확하게 구분하
는 것은 상당히 어렵습니다. 원래는 안팎의 표면을 모두 매끈하게 해
야 하는데, 요즘에는 전수공이라는 것을 드러내기 위해 주전자 안쪽
은 매끈하게 처리하지 않습니다. 두들겨서 만들었다는 걸 나타내려고
자국을 그대로 두는 거죠. 그럼 반수공 제품은 어떨까요? 반수공 제

전수공 제작 모습

품은 원래 안쪽이 매끄럽습니다. 틀을 사용해서 만들기 때문에 그렇죠. 그런데 일부 반수공 자사호에는 전수공처럼 보이려고 일부러 자국을 냅니다. 전수공과 반수공은 가격 차이가 2배 이상 납니다. 차맛은 전수공이나 반수공이나 비슷합니다. 상인들은 전수공이 월등하게 좋다고 하지만 사실 별 차이를 느끼기 어렵습니다. 다만 전수공은 모든 공정을 손으로 하니 제대로 만들기 어렵고, 그래서 반수공에 비해 귀하고 또 값이 나가는 것뿐입니다.

자사호가 만들어지면 마지막으로 소성燒成, 즉 가마에서 굽는 작업을 합니다. 옛날에는 용요龍窯라는 전통 가마에서 구웠습니다. 우리나라에는 아직도 전통 장작가마를 사용해서 도자기를 굽는 요장이 많이 있습니다. 하지만 중국 이싱 현지에서는 거의 대부분 전기요나 가스요를 사용합니다. 온도를 좀 더 정확하게 조절할 수 있어 원하는 자사호의 색감을 얻을 수 있고 파손율을 줄일 수 있기 때문입니다. 이렇게 굽기가 끝나면 자사호가 완성됩니다.

• 명품 자사호를 구입할 때 알아야 할 것

'좋은 자사호'라고 부르는 데에는 몇 가지 기준이 있습니다. 첫째, 좋은 원광을 사용해야 합니다. 둘째, 숙련된 공예로 만들어야 합니다. 물론 전수공으로 해야 작품성을 논할 수 있겠죠. 셋째는 만든 이의 명성이 있어야 합니다. 중국에도 우리나라의 무형문화재 같은 제도가 있습니다. 다양한 종류의 직급이 있어 이를 '직칭職稱'이라고 합니다. 이들 직칭은 공예미술원부터 시작해 조리공예미술사, 공예미술사, 고급공예미술사 등으로 각각 나뉩니다. 그리고 고급공예미술사의 직칭을 얻게 되면 이후 명예직으로 강소성 명인, 강소성 대사, 중국도자예술대사, 중국공예미술대사 등의 칭호를 얻게 되죠. 소위 '대사'라는 칭호를 얻은 사람은 극히 드뭅니다. 이들의 작품 가격이 천정부지인 것을 더 말할 나위가 없겠죠?


중국공예미술대사

중국도자예술대사

성급대사

성급명인

고급공예미술사

공예미술사

조리공예미술사

공예미술원

중국공예미술대사, 중국도자예술대사는 모두 합쳐 20명이 되지 않습니다. 1년 동안 이들 대사급 공예사들이 만들어 내는 작품의 수가 1인당 30점이 안 됩니다. 중국 총인구의 1%, 즉 1,300만의 애호가가 존재한다면 그 경쟁률은 이루 말할 수 없을 것입니다. 그런데 문제는 이러한 직칭만으로 자사호를 구입할 경우 낭패를 보기 쉽다는 점입니다. 제대로 된 자사호를 구입하기 위해서는 사전 조사가 반드시 필요합니다.

사전에 조사할 점은 ① 공예사의 직급, ② 공예사의 사승관계師承關係, ③ 현지에서의 평판도 등이 있습니다. 먼저 직급은 인터넷 검색을 이용하면 됩니다. 이싱 시에서 자사호를 만드는 공예사의 직칭을 검색하는 사이트가 있습니다(http://www.yxrsrc.gov.cn/search/gyms.jspx?locale=zh_CN). 일반적으로 공예사들은 아무 거리낌 없이 자신을 '고급공예미술사'라고 칭합니다. 하지만 그것은 공인된 기관의 직급이 아니겠죠? 이렇듯 직급을 속이는 경우도 비일비재하니 액면 그대로 믿기 어렵습니다. 또 직급이 그 공예사의 실력을 보증하는 것도 아니고요. 직급은 그저 참고만 하시면 됩니다.

그 다음은 '누구에게 자사호 만드는 법을 배웠는가'를 살피는 것입니다. 자사호의 역사상 각 시대마다 유명한 예인이 존재했습니다. 현재 유명한 공예사들의 스승은 중화민국 시대에 이름을 날렸던 7명의 예인입니다. 이들 '7대 예인'의 제자들이 현재 자사업계를 이끌어 가는 중추적인 역할을 하고 있죠. 7대 예인으로 런간팅(任淦庭, 임감정), 왕

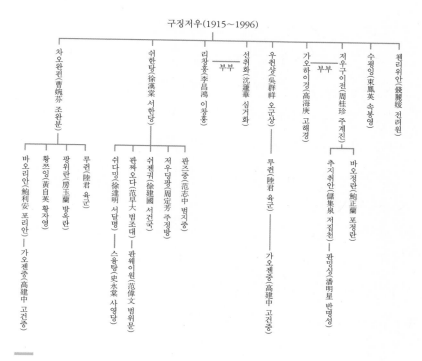

구징저우의 제자들

인춘王寅春, 주커신(朱可心, 주가심), 우윈건(吳雲根, 오운근), 페이스민(裴石民, 배석민), 구징저우(顧景舟, 고경주), 장룽(蔣蓉, 장용) 등이 있습니다. 그중 최고수는 구징저우입니다.

그를 최고로 꼽는 데에는 몇 가지 이유가 있습니다. 먼저, 현재 자사업계를 이끄는 중추적 역할을 하는 공예사들 중 많은 수가 그의 제자라는 겁니다. 위의 도표에 등장하지 않은 제자들 가운데에도 고수가 상당수 있습니다. 두 번째로 구징저우는 전통을 계승하는 데 그

치지 않고 자신이 직접 설계한 명품 자사호를 만들었고, 이 자사호의 양식은 지금도 지속적으로 재생산되고 있습니다. 자신이 창안한 자사호 디자인이 있는지 여부는 그 사람의 작품세계를 가늠하는 중요한 척도라고 할 수 있습니다. 이러한 측면에서 구징저우의 업적은 동시대 타의 추종을 불허합니다. 현재 구징저우의 작품 가격은 우리 돈으로 10억 원을 호가합니다. 그의 제자들의 자사호 또한 최소 몇 천만 원을 줘야 구입할 수 있고요.

세 번째로 현지에서의 평판도를 조사해야 합니다. 중국 역시 우리나라처럼 취미활동을 같이하는 사람들의 커뮤니티 사이트가 활성화되어 있습니다. 자사호 역시 이러한 동호회 사이트가 존재합니다. 호우망壺友網이란 곳인데요, 자사호를 수집하는 사람뿐만 아니라 상인, 자사호를 만드는 공예사, 자사호를 연구하는 학자 등 여러 분야의 사람들이 모여서 활동을 합니다. 이곳에 자신의 자사호를 올려 평가받기도 하고 최근 명성을 얻기 시작하는 자사호 제작 유망주의 소식도 얻을 수 있습니다. 사이트의 분위기도 우리나라 커뮤니티와 사뭇 다릅니다. 우리나라는 상대방의 글이나 소장품에 대해 상당히 관대합니다. 상대방이 올린 내용에 직설적으로 말하면 커뮤니티에서 따돌림을 당하기 쉽습니다. 어떤 글과 자사호 사진을 올리더라도 일단 훌륭하다고 칭찬부터 합니다. 반면 중국의 동호인들은 굉장히 냉정합니다. 한번은 제가 소장하고 있는 자사호를 올린 적이 있습니다. 댓글이 바로 달리더군요. '즈그 아비만 못하네'라고요. 이외에도 '어느 중국공예대사는 직접 만들지 않고 다른 사람을 시켜 만든다', '허구한 날 행사에나 참여하고 언론플레이만 하는데 자사호 만들 시간이 있겠냐' 등등 가감 없는 현지 소식을 들려줍니다. 이런 정보는 자사호를 구입할 때 많은 도움이 될 수 있습니다. 또 사이트에 올라온 다양한 자사호 사진을 보다 보면 자신의 안목을 키울 수 있습니다.

• 이싱에 가다

저는 자사호 소개 책자에 나온 내용과 위에서 언급한 사이트 등을 참고해서 구징저우의 마지막 제자인 거타오중(葛陶中, 갈도중)이라는 사람의 자사호 두 점을 인사동에서 구입했습니다. 그때가 2006년이었습니다. 작품 가격 역시 상당한 고가였습니다. 두 작품 모두 저 같은 월급쟁이에겐 거금인 100만 원이 훌쩍 넘어가는 금액이었습니다. 참 손도 크죠? 집사람에게는 그냥 20만 원 정도 하는 거라고 얼버무렸습니다. 그런데 이 두 점 모두 작품증서가 없었습니다. 구입한 상점에서 '예전 것이라 증서는 분실되었지만 진품이 확실하다'는 말을 들었을 뿐이었죠. 저는 아무래도 직접 거타오중을 찾아가서 제가 구입한 자사호의 진위를 가리는 것이 좋겠다고 생각했습니다. 작심하고 거타오중의 연락처와 주소를 알아보기 시작했죠. 다행히 제가 자사호를 자주 구매하는 상점의 주인에게 거타오중의 지인을 소개받을 수 있었습니다.

이제는 고속철도가 놓여서 이싱에 가기가 수월하다고 합니다.

2013년에 완공되었다고 하네요. 이전에는 상하이에서 버스로 3시간이 걸렸습니다. 쑤저우蘇州와 우시無錫를 거쳐 이싱에 도착하고서도 다시 마을버스를 타고 30분을 더 가야 자사호의 고장인 딩수전丁蜀镇이 나옵니다. 이싱에 도착한 다음 날 거타오중의 지인을 만났습니다. 그런데 그 사람 말이 거타오중이 매우 위독해서 상하이 병원에 입원했다는 겁니다. 12시간을 달려갔는데 억장이 무너지더라고요. 그를 소개해 준 상점 주인에게 국제전화를 걸어 하소연을 했더니 그럴 리가 없다면서 다른 사람을 만나보라며 다시 한 사람을 소개하더군요. 그 사람 말은 바로 직전 만난 거타오중 지인이라는 사람의 말과 달랐습니다. 거타오중이 아프긴 한데 이싱에 있다는 겁니다. 그리고는 한다는 말이 "소개시켜 줄 수는 있는데, 반드시 그의 작품을 사야 한다"고 하더군요. 제가 안 사면 자기 체면이 안 선다는 거죠. 저는 물론 좋다고 동의했습니다.

이튿날 그를 따라 거타오중의 거처로 갔습니다. 거타오중은 '친구의 친구는 모두 친구'라고 하면서 자신의 대표작을 전시해 놓은 방도 보여 주고 차도 한 잔 주었습니다. 이런저런 이야기를 하다 제가 구매한 자사호의 진품 여부를 확인할 수 있는지 물었습니다. 보자고 하더군요. 제가 한국에서 구매한 자사호 두 점을 꺼내어 보여 주니, 그는 다른 방으로 가서 자사로 만든 찻잔을 하나 들고 오더라고요. 그리고는 제가 가지고 온 자사호 한 점과 이 잔이 세트인데 지금 자사의 재질이나 색감이 모두 전혀 다르지 않느냐고 하더군요. 결국 가지고 간

두 점 모두 방품, 즉 가짜였습니다. 그는 비싸게 주고 샀으니 반품하라고 했습니다.

그에게 "당신 작품을 구입할 수 있느냐"고 했더니 지금은 만들어 놓은 것이 없다고 했습니다. 6개월 뒤에 와서 자신의 작품을 보고 마음에 들면 가져가라고 하더군요. 가격은 어떻게 되냐고 물으니 2만 7천 위안이라고 했습니다. 2006년 당시 환율이 1:120이었습니다. 높은 가격에 잠시 주저했지만 기회는 두 번 오지 않으니 마음을 정할 수밖에 없었습니다. 6개월 뒤 오겠다고 약속을 하고 귀국을 했습니다.

그리고 6개월 뒤 다시 이싱으로 가서 그의 손전화로 전화를 했습니다. 이때는 거타오중이 진짜로 병원에 입원한 상태였습니다. 전화를 했더니 "진짜 왔어?" 하며 놀라더군요. 그리고 준비된 자사호가 없다며 난감해 하는 겁니다. 한참을 고민하더니 베이징 상인에게 줄 자사호가 하나 있는데 그걸 제게 주겠다고 했습니다. 가격은 3만 5천 위안. 그래서 애초에 2만 7천 위안에 준다고 하지 않았냐고 따졌더니 결국에는 알았다고, 집으로 가면 자신의 부인이 준비해 놓고 있을 테니 가지고 가라고 하더군요. 그의 집으로 가서 자사호를 받고 계산을 했습니다. 그런데 작품증서가 없는 겁니다. 보통은 자신의 작품을 입증하는 증서를 직접 써서 주거든요. 그의 부인 왈 "거타오중은 원래 증서가 없다"는 겁니다. 다시 병원에 있는 거타오중에게 전화를 했습니다. 그가 말하길 "증서를 받고 싶으면 6개월 정도 자사호를 사용한 뒤에 사진을 찍어오라"고 했습니다. 그러면 자신이 그 위에 사인을 해준

거타오중이 만든 자사호

다고, 그것이 증서 대신이라고 하더라고요. 결국 6개월 뒤에 다시 갔습니다. 사진을 내밀고 사인을 받았습니다. 결국 자사호 한 점을 사기 위해 2만 7천 위안과 세 번의 상하이 왕복 항공료, 기타 여행 경비를 들여 삼고초려한 꼴이 되고 말았습니다. 하지만 지금 이 자사호의 가격이 최하 20만 위안, 우리 돈으로 4천만 원 정도 합니다. 물론 거품이 낀 것이지만 헛돈을 쓴 것은 아니라고 자위합니다. 그나마도 이제는 거타오중의 자사호를 구입하기가 어렵습니다. 얼마 전 연락을 했더니 제게는 친구니까 10만 위안에 해준답니다. 저는 그저 씨익 웃고 말았습니다.

• 모조품의 전통

제가 왜 이싱 현지에 직접 가서 자사호를 구매했을까요? 그것은 여러분도 잘 알고 있듯이 모조품, 즉 짝퉁이 너무도 범람하기 때문입니다. 우리나라에 믿을 만한 자사호 상점이 많았다면 이렇게까지 할 필요는 없었을 겁니다. 하지만 현실은 그렇지 않습니다. 우리나라 상인 가운데에는 의도적으로, 혹은 잘 몰라서 모조품을 진품으로 판매하는 경우가 많았습니다. 저는 그런 자사호를 잘 모르고 구매했고요.

사실 중국에서 모조품의 전통은 유구합니다. 심지어는 작가가 직접 자사호를 만들어 줄 사람을 찾아, 자기 대신 작품을 만들고 자신의 도장을 찍게 하는 경우도 비일비재합니다. 이렇게 대신 만들어주는 사람을 '창서우槍手'라고 합니다. 원래는 대리시험을 보는 사람을 가리키는 말이죠. 이렇게 창서우를 통해 자기 대신 작품을 만들게 하는 것을 '다이궁代工'이라고 합니다. 창서우를 다이궁과 병칭해서 쓰는 경우도 많고요. 대개의 경우 이름 있는 대사나 유명 공예사들이 자기 제자나 잘 만드는 사람에게 자사호를 만들게 하고 자신의 도장을 찍는 것입니다. 사실 이런 종류의 모조품은 진품 여부를 확인할 길이 없습니다. 본인은 자신이 만들었다고 하는데 알 수가 없는 일이죠. 다만 다이궁을 많이 쓰는 사람인지의 판별은 앞에서 말한 호우망 등에서 회자되는 소문으로 어느 정도 알 수 있습니다. 때문에 본인이 직접 만든다고 검증된 사람을 찾아서 구입하는 것이 중요합니다.

최근에는 골동 자사호가 유명한 경매에 종종 등장하여 고가에 거래되곤 합니다. 그런데 중국에는 이미 오래 전부터 짝퉁 골동을 만드는 신기술이 존재해 왔습니다. 골동 자사호 역시 예외가 아닙니다. 대표적인 몇 가지 방법은 이렇습니다. 먼저 오래된 골동 자사호처럼 보이기 위해 홍차 찌꺼기와 담뱃재 등을 함께 버무려 두었다가 어느 정도 자사호에 물이 들면 햇빛에 말리는 경우가 있습니다. 또 자사호 표면에 구두약을 발라서 오븐에 살짝 굽는 경우도 있습니다. 착색이 되어 굳으면 옛날 것처럼 보입니다. 오래 사용한 느낌을 주기 위해서 이런 방법을 사용하는데요. 이런 자사호로 차를 우리면 화학약품 냄새가 나서 먹지 못하죠. 때문에 차 상인들은 이런 것을 다시 살린다고 락스에 담가 두기도 합니다. 결국 절대 사용하면 안 되는 추악한 상술이라고 할 수 있습니다. 중국 사람들이 돈 되는 건 다 하다 보니 온갖 방법으로 눈속임을 합니다.

이런 자사호를 반드시 사야 하는 이유가 있을까요? 사실 자사호는 명나라 때부터 우롱차라고 불리는 반발효차나 홍차 등의 발효차를 맛나게 우리는 찻주전자로 명성을 얻었습니다. 유약처리를 하고 1,250도 이상의 온도에서 구워 만들어진 자기瓷器와 달리, 자사호는 유약 없이 1,200도 이하에서 구운 도기陶器입니다. 무수한 공기구멍, 즉 기공氣孔을 가지고 있어 통기성이 뛰어납니다. 때문에 차를 우리고 한참 찻주전자 안에 두어도 변질이 되지 않습니다. 이러한 기공은 차의 잡맛을 걸러주고 좋게 뽑아주는 효능을 지니고 있기도 합니다. 하지만 차의 향과 맛을 자사호 안에 머금고 있어 한 종류의 차를 우려야 하는 것이 특징입니다. 다양한 종류의 차를 자사호 하나에 우리게 되면 후에 여러 맛이 섞일 가능성이 있다고 합니다. 젊어서 좋은 차를 자사호에 우려 마시고 늙어서 집안이 쇠락하여 차를 살 돈이 없게 되면 남은 자사호에 뜨거운 물을 부어 예전 차 맛을 즐길 수가 있다고 합니다. 그야말로 한 사람의 인생과 함께하는 자사호라고 할 수 있죠.

오래된 역사만큼 다양하고 많은 고전적 형태의 자사호가 아직도 생산되고 있지요. 방고호仿古壺, 수평호水平壺, 석표호石瓢壺를 비롯하여 중국 고대 4대 미녀 중 한 사람인 서시의 작은 가슴을 닮은 서시호西施壺, 살찐 양귀비의 가슴을 모방한 귀비호貴妃壺 등 다양한 이야기를 가진 자사호가 즐비합니다. 게다가 자사호는 사용할수록 더욱더 빛이 납니다. 차를 마시고 난 후 자사호를 물을 붓고 깨끗하게 닦는 과정을 '양호養壺'라고 하는데요. 자사호를 키운다는 말입니다. 이렇게 자사호를 계속 사용하고 양호하면 점차 자사호의 색이 깊어지고 차 맛 또한 좋게 합니다. 결국 세월의 흔적이 자사호의 가치를 높이는 것이지요.

### • 피해야 할 자사호

이러한 자사호 중에도 사용하면 좋지 않은 자사호가 있습니다. 옛날 골동호를 모방하여 홍차를 묻혀 말리거나, 구두약 칠한 것, 담뱃재를 버무려 만든 것이 있다고 말씀드렸죠? 저도 이렇게 만든 자사호를 여러 차례 접한 경험이 있습니다. 예전에 학교 업무로 출장을 가서 우리나라 모델협회 회장님을 알게 되었습니다. 어쩌다 이 분이 제 연구실로 놀러 오셔서 차를 한 잔 하게 되었는데, 그분이 제 자사호를 보시더니 자신도 중국모델협회 회장에게 받은 좋은 자사호가 있다며 자랑을 하시더군요. 그리고는 며칠 뒤 제게 그 자사호를 선물로 보내왔습니다. 그런데 녹색의 자사호 위에 검은 구두약이 덕지덕지 묻어 있었습니다. 이분도 중국모델협회 회장도 자사호를 몰랐던 거죠.

자사호의 원래 재료인 자사 원광에는 소성 후 녹색이나 청색, 검정색이 되는 자사호는 없습니다. 이러한 자사호는 화공 염료를 사용한 것입니다. 자사호 상인들은 고온에서 구워 상관없다고 합니다만 제 경험으로 보건대 사용하면 좋지 않은 자사호입니다. 이러한 염료는 코발트와 산화망간 등을 이용합니다. 발암물질이죠. 따라서 차를 우릴 때 발암물질이 함께 나올 가능성이 있습니다. 설사 발암물질이 나

구두약을 칠한 자사호

오지 않는다 하더라도 속으로 불안한 마음을 먹게 되니 차가 맛있을 리 없습니다. 잔, 공도배와 함께 세트로 판매되는 저가의 자사호는 이런 화공 자사호이거나 자사라고 할 수 없는 재료로 만든 것이 대부분이더군요.

또 다른 피해야 할 자사호는 자사를 묽게 물처럼 만들어 주형에 부어 만든 주장호注漿壺입니다. 이러한 종류의 자사호는 찻주전자의 손잡이나 뚜껑 손잡이의 접합 부분이 조악하고 뚜껑과 본체가 꼭 맞지 않습니다. 살 필요가 없는 자사호라고 할 수 있습니다. 또 물레로 돌려서 만드는 수랍호手拉壺라는 것이 있는데요 차호 안쪽에 물레 자국이 있습니다. 자사호는 원래 두들기고 겹치는 작업을 반복해서 만들어 찻주전자로써의 특징과 장점이 생깁니다. 이 수랍호는 그저 쉽게 물레를 돌려 대량생산하는 찻주전자입니다. 자사호 본래의 특징이 없고, 따라서 구입할 가치도 없다고 할 수 있습니다.


### 🌸 방고와 짝퉁

중국에선 짝퉁을 '산자이山寨'라고 부릅니다. 쉽게 말해 산적들이 사는 집입니다. 법의 적용을 받지 않는 무법지대라는 의미를 지니게 되었지요. 중국에서 짝퉁의 전통은 방고倣古의 전통과 맥을 같이한다고 하는 이도 있습니다. 공자는 "술이부작, 신이호고(述而不作, 信而好古)"라고 말했습니다. '난 창작은 안 해. 옛날 것을 그대로 읊어 주고, 옛것을 믿고 좋아할 따름이야'라는 뜻입니다. 그 영향 때문인지는 모르겠으나

위부터 서주 시대의
청동 주전자, 유사
한 형태의 청화백자
주전자, 자사로 만
든 사각방호

제7강 **중국인이 열광한 중국의 명품**

옛것을 모방하는 전통은 꽤 오래 전부터 있었습니다.

서주西周 시대의 청동 주전자 유물을 예로 들어 보죠. 유사한 형태를 모방해서 원나라와 명나라 때는 청화백자로 만들어 사용했습니다. 이것을 청나라 때는 자사로 만들어 사용했고요, 물론 지금도 이러한 형태의 자사호를 만들고 있습니다. 그대로 카피하되 조금씩 변형을 하는 방식입니다. 자사호 형태는 이전 시기 존재했던 찻주전자의 형태를 답습하고 있습니다.

여기에 만든 사람 자신의 도장을 찍으면 문제가 되지 않습니다. 예전의 형태를 본떠 만든 것뿐이죠. 하지만 예전 명인의 도장을 찍으면 그것은 짝퉁입니다. 이처럼 방고와 짝퉁은 도장 하나 차이라고 할 수 있습니다.

명나라 때 동기창董其昌이라는 서화가가 있었습니다. 화론을 정립하고 일세를 풍미한 화가로 높이 평가받는 이였는데 말년의 행실은 참 형편없었습니다. 특히 대신 그림 그리는 사람을 고용해서 자기 낙관만 찍었다는 혐의가 있습니다. 동시대 심주沈周라는 화가는 자신의 짝퉁을 들고 찾아온 누군가로부터 심주 본인의 글을 넣어달라는 부탁을 받았다고 합니다. 어떻게 했을까요? 해줬답니다. 자기 명성과 체면 때문에 그렇게 했답니다. 동기창이나 심주는 세간에 방품이 떠도는 것은 모두 자신의 명성이 높아져 그런 것으로 당연시했습니다. 명나라 말기의 출판왕 진계유陳繼儒는 과거용 참고서를 간행해서 많은 돈을 벌었습니다. 워낙 유명해지다 보니 진계유의 이름을 딴 유사 참고서들이 속속 등장했습니다. 지금 우리나라 같으면 고소, 고발이 난무했겠죠? 진계유는 문제 삼지 않았습니다. 자기가 유명해서 생긴 일이라며 그 상황 자체를 즐겼습니다. 그러다 보니 그 시대를 표상하는 브랜드가 돼버렸습니다. 바구니에도, 변기통에도 그의 이름만 붙으면 날개 돋친 듯 팔려나갔습니다.

이러한 상황은 지금도 계속되고 있습니다. 한 유명한 고급공예사를 찾아갔을 때 일입니다. 그의 자사호를 사려고 응접실에서 흥정을 하고 있을 때, 옷을 남루하게 입은 한 사람이 들어오더군요. 그는 전시된 자사호 몇 점을 보고 고급공예사에게 몇 마디 건넨 후 돌아갔습니다. 그가 나가자 고급공예사는 저에게 그가 뭐하는 사람인지 맞춰보라고 하더군요. 모른다고 하니 "저 사람이 내 작품의 짝퉁을 만드는 사람"이라는 겁니다. 저는 깜짝 놀랐죠. 우리 같으면 고발까지는 아니어도 욕설이 오갈 만한 관계가 아닌가요? 그런 사람을 왜 가만두느냐고 의아해서 물어보니 "저 사람도 내 고객"이라는 대답이 돌아왔습니다. 그 짝퉁을 만드는 이도 진품을 구입해야 만들 수 있으니 자신의 호를 계속 살 것이고, 그러면 당연히 고객 대접을 해줘야 한다는 겁니다. 별 문제될 것이 없다는 식이었죠.

이는 비단 예술품에만 국한된 게 아닙니다. 여러분도 '샤오미(小米, Xiaomi)'라는 브랜드를 잘 아시죠? 그 회사의 회장은 "샤오미는 베끼는 걸 부끄러워하지 않는다"고 말합니다. 베끼는 것은 방고와 같은 것일 뿐이라고 여기는 듯합니다. 이전에 나온 것을 그대로 모방한다는 것

고급방품

이죠. 모든 창조는 베끼는 데서 시작한다는 겁니다. 중국 사람들은 방고를 해야 창신創新이 나온다고 믿습니다. 그리고 결국 새로운 걸 만들어 냅니다. 그들은 "진품과 구별할 수 없는 방품은 진품"이라고 말합니다. 진품의 신운神韻까지 모방했으니 더 이상 방품이 아니라는 거지요. 그래도 양심적인 이들은 이것을 고급방품, 즉 '고당방품高檔仿品'이라는 말로 포장하여 비싼값에 판매합니다.

제가 징더전景德鎭에서 찻잔을 산 적이 있는데요, 유약의 빛깔이나 형태로 보아 매우 잘 만든 것이었습니다. 가격도 저렴하지 않았고요. 이 정도의 잔이라면 만든 이의 이름으로 도장을 찍을 만하잖아요. 그런데 '대청건륭년제大淸乾隆年製'라고 썼습니다. 청나라 건륭제 때 작품이라는 겁니다. 이것을 일반 상인은 고급방품이라고 팝니다. 하지만 악덕상인들은 조금 변형시켜 골동품으로 속여 팝니다.

얼마나 짝퉁이 범람하고 있을까요? 거타오중의 작품을 타오바오淘宝网라는 쇼핑 사이트에서 검색해 봤습니다. 판매가격이 999,999위안에서 100위안까지 다양합니다. 고가의 작품 몇 개를 제외하고 대부분 짝퉁입니다. 우리나라에서 진품이라고 판매되는 것 중 일부가 이런 싸구려 방품입니다. 중국 사람도 나쁘지만 그걸 가져다 비싸게 파는 우리나라 사람이 더 문제 아닐까요?

• 명품의 조건

그렇다면 짝퉁과 구분되는 진품, 그 가운데서도 명품이라고 할 만한 것들은 어떤 특징을 지니고 있을까요? 자사호를 포함해서 다른 작품에도 적용할 수 있는 그런 특징 말입니다. 지극히 개인적인 판단입니다만 저는 명품의 조건을 이렇게 생각합니다. 첫 번째는 '이야기'가 있어야 한다는 것입니다. 예컨대 청대 도광 연간에 자사호 제작으로 이름을 날린 소대형邵大亨은 그가 만든 자사호를 실수로 깨뜨려 주인에게 죽임을 당할 운명이었던 시녀를 위해 자신의 자사호를 고관에게 주고 나머지를 깨뜨렸습니다. 두 번째는 '희귀성'입니다. 흔하게 얻을 수 있는 작품은 그 가치가 반감되는 것이 사실입니다. 때문에 중국의 유명 공예사들은 자신의 작품 수를 제한하여 제작합니다. 세 번째는 '명성'입니다. 중국의 예술품은 그것을 만든 작가가 살아 있는 동안 명성을 얻지 못하면 나중에 유명해질 확률이 거의 없습니다. 서양에서는 고흐처럼 당대에는 대접 받지 못하다가 사후에 크게 유명해지는 사례가 많지 않습니까? 중국에서는 그런 경우가 거의 없습니다. 당대에 명성을 얻지 못하면 앞으로도 얻을 가능성이 거의 없습니다. 네 번째는 '불변의 가치'입니다. 세월이 흘러도 그 가치가 손상되면 안 됩니다. 아무리 명성이 높더라도 자신이 만들지 않은 작품을 자신의 것인 양 속인 이들의 작품은 점점 가치가 떨어집니다.

### 🌸 파완의 문화

중국의 예술품을 감상하는 방법은 대표적으로 두 가지로 나눌 수 있습니다. 하나는 손을 대지 않고 감상하는 것입니다. '완상玩賞' 혹은

'상완賞玩'이라고 합니다. 서화나 풍경 등을 보고 즐길 때 이렇게 완상할 수 있습니다. 또 다른 하나는 손에 쥐고 감상하는 것입니다. 공예품이 될 수도 있고 서책이 될 수도 있습니다. 그것을 손으로 만지며 감상하는 것을 중국인들은 '파완把玩'이라고 합니다. 작은 소품의 도자기나 자사호, 향로, 보석 등이 파완의 대상이겠죠. 중국에서는 '문완호두文玩核桃'라고 하여 과육은 거의 없으나 형태가 아름다운 호두를 골동품처럼 거래합니다. 이 호두를 지압하듯이 손에 쥐고 돌리면 세월이 지날수록 옻칠한 것 같이 대춧빛을 띠게 됩니다. 호두에도 세월의 힘이 더해지면 명품으로 거듭나게 되는 거죠. 이런 호두는 수천만 원을 호가합니다. 옥玉도 그렇습니다. 옥은 전통적으로 중국인들이 좋아하는 대표적인 보석입니다. 물론 금이나 다이아몬드도 좋아합니다만 그 못지않게 좋아하는 보석이 옥이나 비취翡翠입니다. 옥은 몸에 지닐 경우 건강에 유익한 것으로 알려져 있습니다. 이러한 이유로 예전부터 중국인들은 옥을 몸에 지니고 틈틈이 손에 쥐며 파완했습니다. 비취나 옥 역시 시간이 지나고 손때가 묻을수록 색이 깊어집니다. 이를 '양옥養玉'이라고 합니다. 옥을 키운다는 의미죠. 중국인은 자사호도 키우고 옥도 키웁니다. 황제나 귀족의 옛 무덤에서 출토되는 옥은 무덤 주인에게서 사랑받았던 기물인데요. 세월을 머금은 황제의 옥은 그 빛이 매우 깊습니다.

이처럼 중국의 기물들은 손으로 직접 갖고 놀 수 있는 것들이 많습니다. 멋진 모양을 가지고 있는 호두나 좋은 품질의 옥, 좋은 자사호 등을 구입하여 오랜 기간 자신의 손으로 파완해서 명품을 만들어가는 것이죠. 자사호는 그래서 70%는 작가가, 나머지 30%는 사용자가 완성한다고 말합니다. 그들은 구입한 서화에도 자신의 흔적을 남깁니다. 글씨 잘 쓰는 사람을 고용하여 자신이 구입한 그림에 어울리는 시를 덧붙이거나, 자신의 애장품이라는 도장을 찍기도 합니다. 다빈치의 그림에 소장자의 도장을 찍거나 멋진 시를 적는 것을 상상할 수 있겠어요? 중국인은 이렇듯 명품을 구입하여 자신이 더욱 가치 있게 변형할 수 있다는 생각을 가지고 있습니다. 즉 소장자 자신이 명품을 만들어가는 것이죠.

### 🌿 무쇠 탕관으로 찻물을 끓이다

푸얼차와 자사호, 찻잔을 구입해서 차를 마시기 시작할 즈음의 일입니다. 일반적으로 차를 구매할 때에는 찻집에서 시음을 하고 입맛에 맞는 차를 사는데요. 똑같은 차를 사 와서 집에서 우려 마시면 너무 맛이 없는 겁니다. 그래서 혹시 상점에서 파는 판매용과 시음용 차가 다른 것이 아닌가 의심한 나머지, 차를 들고 상점에 가서 우려 달라고 한 적도 있습니다. 그런데 집에서는 형편없었던 차 맛이 좋게 되살아나는 겁니다. 도대체 이런 맛의 차이가 왜 나는 것인지 차를 파는 이에게 물었습니다. 그의 말은 이러했습니다.

첫 번째는 물이 다르다는 겁니다. 차의 맛은 대개 물의 맛의 9할 이상을 차지하는데, 그 때문에 차를 마시는 사람은 좋은 물이 있는 곳이라면 어느 곳이든 불원천리하고 직접 찾아갑니다. 상인에게 "도대체 당신은 무슨 물을 사용하느냐"고 물었습니다. 그가 웃으면서 "저는 삼다수를 씁니다"라고 하더군요.

**숙우**
끓인 물을 식히는 대접. 중국에서는 공도배(公道杯)라고도 한다.

두 번째는 끓이는 도구에 따라 맛이 결정됩니다. 동일한 물이라도 전기포트에 끓인 것과 주전자로 직접 불에 팔팔 끓인 것은 맛이 다릅니다. 이것은 전기포트에 끓인 물의 온도가 100도를 유지하지 못하기 때문이라고 할 수 있습니다. 충분하게 끓여야 100도 가까운 온도를 유지하는데 전기포트는 그렇지 못하죠. 여기에 물을 끓인 주전자, 즉 탕관의 재질도 물맛을 좌우하는 요인입니다. 제 경험으로 도자기 재질의 탕관, 무쇠 재질의 탕관, 순은으로 된 탕관, 내열유리 주전자, 곱돌로 만든 솥에서 끓인 물맛이 모두 달랐습니다. 순은으로 만든 탕관은 달게 차를 뽑아 주어 그다지 좋지 않은 차 맛도 좋게 만들지만, 그 때문에 차 본연의 맛을 알 수 없게 하는 단점이 있습니다. 유리 주전자는 맛을 텁텁하게 만드는 경향이 있고요. 도자기 재질은 잘 깨지는 단점이 있습니다. 곱돌솥은 물맛은 가장 좋지만 오래 쓰면 금이 가서 물이 새는 경향이 있습니다. 무쇠 주전자는 사실 일본에서 만든 것 이외에는 사용할 수가 없습니다. 바로 녹이 슬기 때문이죠.

세 번째는 우려내는 도구가 다릅니다. 자사호로 우렸는지, 일반 도자기로 우렸는지, 그냥 머그잔에 물을 부어 마시는지 모두 차 맛이 다릅니다. 또한 거름망과 숙우熟盂를 사용하는지에 따라서도 맛이 다릅니다. 마지막으로 찻잔에 따라 맛이 다르고요. 이런 몇 단계의 다름으로 인해 결국은 차 맛이 크게 달라집니다.

저도 많은 탕관을 사용해 보았습니다. 결국 지금 사용하는 것은 일본에서 만든 무쇠 주전자입니다. 일반적으로 무쇠로 만든 솥에 끓인 물은 차 맛을 좋지 않게 만듭니다. 특히 녹차나 향이 강한 차의 경우 무쇠 주전자로 끓인 물을 사용하면 향이 약해지는 경향이 있습니다. 향긋하게 차를 마실 수 없다는 이야기죠. 반면 발효차의 경우 무쇠 주전자로 끓인 물을 사용하면 깊은 맛을 느낄 수 있습니다. 처음에 경기도 안성에 있는 주물공장에서 적당한 크기의 무쇠솥을 구입하여 물을 끓여 보았습니다. 그런데 물이 닿자 바로 녹이 슬더군요. 기름으로 무쇠솥을 길들여야 한다는데 물을 끓일 솥을 기름으로 길들인다는 것은 말도 되지 않았습니다. 들기름 맛 푸얼차가 될 것이 명확하니까요. 결국 라쿠텐이라는 일본 인터넷 쇼핑 사이트에서 일제 무쇠 탕관을 구입하여 들여왔습니다. 그런데 정말 신기하게도 주전자 안쪽으로 녹은 스는데 녹물이 나오지 않았습니다. '사철砂鐵'이라고 하는 재질에 특별하게 열처리를 해서 그렇다더군요. 더욱이 오래 사용해서 탕관 안에 하얀 물때가 끼게 되면 물을 더욱 달게 빼주어 차를 맛있게 만들어 줍니다. 탕관 표면을 우리고 남은 찻잎으로 닦으면 그 빛도 점점 깊어지고요. 이러한 특징 때문에 몇 년 전부터 중국 대륙에도 일본제 무쇠 탕관의 열풍이 불기 시작했습니다. 그리고 타이완에서 일본제 탕관과 비슷하게 만든 무쇠 탕관이 만들어지기 시작했습니다. 그런데 타이완제 무쇠 탕관은 일본제에 비교해 품질이 많이 떨어져 녹물이 쉽게 난

무쇠 주전자

다고 합니다.

일본제 무쇠 탕관 역시 중국인이 좋아할 만한 명품의 요소를 지니고 있습니다. 세월의 흔적이 더해질수록 그 가치가 높아진다는 점 말입니다. 특히 잘 만들어진 골동 무쇠 탕관은 점점 찾아보기 힘들 만큼 희귀하여 높은 소장가치를 지니고 있습니다. 최근에는 골동품 경매에서 인기 있는 품목 중 하나로, 경매 가격이 적혀 있는 무쇠 탕관의 도록을 보면 그 가격이 몇 년 전보다 천정부지로 오른 것을 알 수 있습니다.

### 🌺 침향과 향로

일본 사람이나 중국 사람이나 우리나라 사람이나 차에 심취해 본 사람이 그 다음으로 관심을 갖는 것이 있습니다. 그건 향香인데요. 일본 같은 경우 다도茶道와 함께 향도香道라는 것이 있을 정도입니다. 세상에는 많은 종류의 향이 존재하는데요. 이 향의 정점은 아마도 침향沈香인 듯합니다. 침향은 침향나무의 수지가 오랜 기간 들러붙어 생성된 것입니다. 최근에는 인위적으로 침향을 만들어 낸다고도 합니다. 베트남이나 인도네시아, 중국 등에서 생산됩니다. 이 침향도 가짜와 저급한 품질의 침향이 시중에 상당수 유통되어 있습니다. 하지만 우리나라에도 좋은 침향 원료를 들여와 제대로 된 침향을 만들어 파는 곳이 많기 때문에 어느 정도 시장이 안정되었다고 할 수 있습니다. 물론 가격은 많이 비쌉니다.

향을 피우기 위해 필요한 것이 향로입니다. 중국에도 예전부터 이

름난 향로가 많았습니다. 특히 명나라 선덕 연간에 유행한 선덕로宣德
爐는 그 재질과 형태가 아름답기로 유명합니다. 이후 선덕로의 전통을
계승하고 모방하여 많은 향로가 등장했습니다. 이들 향로는 대개 선
덕로와 같이 동銅으로 만들어져 있습니다. 특히 적동赤銅으로 만든 향
로는 시간이 흐를수록 표면의 색감이 깊어지는 특징이 있습니다.

중국에서는 각 도시마다 주말이면 골동품 시장이 섭니다. 한번은
골동품 장터에서 예쁜 향로를 하나 샀습니다. 비록 오래된 느낌을 주
려고 구두약을 발랐으나 향로로 차를 우릴 것도 아니고 '나중에 문질
러서 지우거나 락스에 담그면 되겠다' 생각하고 구입을 했죠. 집에 가
지고 와서 구두약을 벗겨 내려고 문질러 보았습니다. 그런데 구두약
과 함께 적동의 빛깔도 함께 벗겨지더군요. 황동을 적동처럼 보이려
고 도금을 한 것이었습니다.

쑤저우의 천차오성(陳巧生, 진교생)이라는 공예사는 적동으로 향로를
잘 만드는 사람이라고 알려져 있습니다. 쑤저우에 갈 기회가 생겨 그
의 공방을 찾아가 향로를 구입했습니다. 그리고 향로를 어떻게 관리
하면 되느냐고 물었죠. 손으로 열심히 파완해 주면 되고, 가끔 감람유
를 천에 묻혀 문지르면 광택이 더 좋아진다고 하더군요. 우리나라에
돌아와 감람유 대신 올리브유로 향로를 문질러 주었습니다. 그런데
오래되어 보이도록 표면처리한 것이 지워지더군요. 제작자의 명성만
으로 그 사람의 물건을 구입하는 것도 문제가 있습니다. 이후 향로는
두 번 다시 사지 않았습니다.

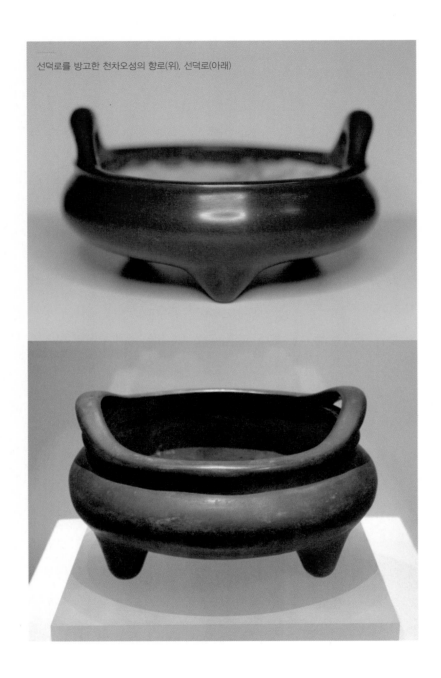

선덕로를 방고한 천차오성의 향로(위), 선덕로(아래)

여기까지가 제가 관심을 두고 수집했던 '중국인이 좋아하는 명품'
들입니다. 제가 지금까지 관심을 갖고 사서 사용해 본, 그리고 아직도
수집하고 있는 물건들을 통해 중국 사람들이 좋아하는 물건과 그 물
건의 물성을 말해 보려 했는데요, 잘 전달되었는지 모르겠습니다. 다
음으로 제가 관심은 있었으나 잘 알지 못하고 또 돈이 부족해서 구입
할 수 없었던 중국의 전통 명품을 몇 가지 이야기하겠습니다. 이것 역
시 예전부터 지금까지 중국인이 열광했던 명품들입니다. 앞서 이야기
한 '파완의 문화'와도 관계가 있고요.

## 🌸 중국인이 사랑한 그 밖의 명품

중국 사람들은 옥을 매우 좋아합니다. 옥 중에서 가장 유명한 것은
'화전옥和田玉'입니다. 신장 위구르에 있는 호탄(Khotan, 和田)이란 지역이
원산지로, 양의 비계처럼 하얗다고 해서 '양지옥羊脂玉'이라고도 부릅
니다. 이 기름진 옥을 계속 파완하면 그 색감이 깊어져 점점 오묘한
빛을 띠게 되죠. 또 중국인은 독특한 질감의 돌石을 매우 좋아합니다.
그중 '전황田黃'은 가장 귀한 돌이라고 할 수 있습니다. 모래가 응축되
어 결정이 된 것으로 같은 무게의 금보다 훨씬 비싸고, 그나마도 좋
은 전황은 찾아보기 힘들다고 합니다. 타이베이의 고궁박물원 등 비
교적 규모가 큰 박물관에 가면 볼 수 있습니다. 닭의 피를 뿌린 것 같
다고 명명된 '계혈석雞血石'도 사랑받는 돌입니다. 붉은 부분의 성분은
주사朱砂입니다. 이 주사는 '경면주사鏡面朱砂'라고 부릅니다. 원래 부적

에 사용되는 붉은 빛이 이 경면주사인데요. 요즘에는 경면주사의 값이 비싸 사용하지 않는 것으로 알고 있습니다. 이 주사의 성분은 수은입니다. 때문에 주사로 쓴 부적을 태워서 먹는 일은 절대 해서는 안 되겠죠(예전에 실제로 이런 일이 비일비재했습니다). 이밖에 저장浙江의 창화석昌化石, 청전석青田石, 푸젠의 수산석壽山石, 네이멍구(내몽골)의 파림석巴林石 등은 중국의 '4대 국석國石'이라 불리면서 많은 이의 사랑을 받고 있습니다.

단계연端溪硯, 흡주연歙州硯, 징니연澄泥硯, 조연洮硯 등의 벼루와 황화리黃花梨나 홍목紅木으로 만든 가구도 예전부터 지금까지 중국인의 사랑을 받아온 기물입니다. 단계연(단계석으로 만든 벼루)의 명성은 우리나라에도 잘 알려져 있습니다. 지금도 그렇지만 조선시대 문인들 역시 매우 탐내던 명품이었고요. 우리나라 말로는 '강향단'이라고 불리는 황화리는 지금도 고가의 가구 재료로 유명합니다. 몇 해 전 상하이의 한 백화점에서 작은 옷장과 책상, 의자 이렇게 세 점으로 이뤄진 황화리 원목가구의 가격을 물어본 적이 있는데요. 1억이 넘는 가격을 부르더군요. 처음에는 거품이라고 생각했는데 원래 가격대가 그렇게 어마어마한 것이었습니다. 이러한 가구의 상당수는 명·청 시대의 가구 양식을 모방하여 만들어지는데, 옛 물건을 사랑하는 중국인의 내면을 잘 보여 준다고 할 수 있습니다.

우리나라 사람들은 흔히 중국 물건을 싸구려 모조품 취급하는 경우가 많습니다. 그리고 저렴한 가격에 좋은 중국 물건을 구입하고는

수산석으로 조각한 불상

'횡재했다'고 합니다. 하지만 중국인이 열광하는 이름 있는 물건, 즉 명품은 절대 저렴하지 않습니다. 비싸다고 100% 좋은 것은 아니겠으나 중국에서 만든 명품이라고 싸진 않다는 말이죠. 오히려 수요는 많고 공급은 적어 우리나라의 명품보다 훨씬 비싸다고 보는 것이 타당합니다. 또 중국 명품이라면 그 출처가 분명해야 합니다. 어디에서 났는지 알 수 없다면 가짜라고 보는 것이 마음 편하겠지요. 중국에선 '좋은 것은 가게에서 안 판다'는 이야기가 있습니다. 직접 현지에 가서 여러 정황을 보고 확인하고 또 확인해야 합니다.

건강을 위해 마신 푸얼차를 시작으로 자사호와 도자기를 모으고, 일본의 무쇠 주전자를 비롯한 차도구, 그리고 향로에 이르기까지 10여 년 동안 기물에 빠져 지냈습니다. 한 선배는 '그릇질에 날 새는 줄 모른다'고 하더군요. 중국인이 만들고, 중국 사람들이 사랑한 기물을 오랫동안 사용하면서 중국인이 좋아하는 물건의 물성을 생각하게 되었습니다. 그것들은 대개 예로부터 사랑받은 역사와 전통을 가지고 그에 걸맞은 이야기를 지니고 있었습니다. 오랫동안 손으로 만지면서 명품의 가치를 높일 수 있는 물건이었고요.

단지 중국인의 인구가 많아서 이러한 명품들이 지속적으로 사랑받을 수 있었을까요? 그것은 아니라고 생각합니다. 대학 때 잠시 미국 친척집에 머물며 중국인 교회를 다닌 적이 있습니다. 그때 알게 된 친구가 하나 있는데, 일곱 살에 타이완에서 이민 온 대학생이었습니다. 전공은 수학이었고요. 그런데 한번은 그 친구가 제 전공은 뭐냐고 묻더군요. 그래서 중문학이라고 하니까 제 앞에서 중국 고전시를 줄줄 암송하더라고요. 정말 놀라지 않을 수가 없었습니다. 옛것을 사랑하는 중국인의 모습에 제 자신이 부끄러워지더군요. 일곱 살에 서울을 떠나 미국으로 이민 온 한국인 중에 우리나라 고전시를 암송할 줄 아는 사람이 얼마나 있을까요? 아니, 현대시라도 외우는 사람이 있을까요? 제가 전공한 중국 문학이나 또 오늘 말씀드린 중국 명품을 통해서, 저는 옛것을 사랑하고 그것을 계승, 발전시키는 중국인의 특성을 재차 발견할 수 있었습니다.

저는 외국 문학을 전공하는 이유가 단지 외국어를 배워 사회에 나가 돈을 버는 것뿐만은 아니라고 생각합니다. 문학이라는 매개를 통해 우리에게는 낯선 외국의 문화를 알고 받아들여 좁게는 우리의 문학을, 넓게는 우리의 삶을 좀 더 확장시키고 풍요롭게 하는 것이 이유라고 생각합니다. 중국 사람들이 사랑하는 명품을 강의하는 것도 마찬가지입니다. 중국인이 사랑하는 물건을 살펴보며 우리의 명품에도 관심을 갖고, 이를 계승하여 발전시키자는 것이지요.

지금까지 제가 경험했던 것을 토대로 중국 명품의 특징과 중국인의 속성을 두서없이 말씀드렸습니다. 어떤 것에 미친다는 것은 매우 행복한 일입니다. 여러분도 무엇에 몰입하여 소소한 즐거움을 느끼며 살기를 바랍니다.

*사진: 심재원·배금용 공저,《자사호: 인간과 자연의 조화가 깃든 다기 미학의 정화》(다빈치, 2009) 수록 사진 (160, 175쪽), 리무진 제공(그 외 사진)

# 중국이라는
# 만리장성

|김월회|

# China

중국의 상징인 만리장성. 이 거대한 건축물에 대해 우리는 얼마나 알고 있을까? 너무나 유명하지만 오히려 그래서 더 오해가 난무하는 만리장성의 역사, 의미, 잘못 알려진 사실 등을 밝힌다. 또한 현대 중국에서 만리장성의 위상이 어떠한지에 대해서도 알 수 있다.

여러분은 '중국' 하면 무엇이 떠오르는지요? 지금 떠오르는 것이 여러분께 중국을 표상하는 것이라고 할 수 있습니다. 자, 이번엔 여러분이 중국에 가셨던 경험을 떠올려 봅시다. 중국에 가본 적이 없다면 사고실험을 하면 됩니다. '난 중국에 가서 이러저러한 것들을 보았다' 식으로요. 다 떠올려 보셨습니까? 그중 어떤 것에서 가장 중국다움을 느끼셨는지요? 혹 '야, 역시 중국이야, 중국다워!' 식의 반응이 절로 나오게 한 것이 있었는지요? 한번 꼽아보겠습니다.

그중 하나는 틀림없이 만리장성일 것입니다. 여러분뿐 아니라 역대로, 또 근대 이후엔 전 세계적으로, 만리장성은 중국을 대표하는 상징으로 인식되어 왔습니다. 그런데 그런 의미와 위상을 지닌 "만리장성에 대해 아는 바를 말씀해 보십시오"라고 하면 막상 할 말이 별로 없을 것입니다. "길이가 만리 정도이다", "진시황秦始皇이 쌓았다", "달에서 보이는 유일한 인공구조물이다", "북방 유목민의 중원 침탈을 막기 위해 쌓았다" 정도? 이 정도만 말씀하셔도 "오, 대단한데!" 유의 반응을 불러올 것입니다. 여기에 "중원을 괴롭힌 유목민을 '융적戎狄'이라 부른다", "유목지대와 농경지대를 구분해 주는 생태적 경계선을 따라 수축되었다", "그 경계선은 연평균 강우량 400mm

베이징 부근 모전욕(慕田峪) 장성

선이다"든지, "진시황이 처음부터 쌓은 것은 아니다. 그전부터 여기저기에 수축됐던 성벽을 이어서 만든 것이다"라고 말씀하실 수 있다면, 전문가 수준이라는 평을 듣게 될 것입니다.

그렇습니다. 만리장성은 중국 하면 금방 떠올릴 정도로 우리에게 익숙하지만, 그에 대해서는 이처럼 아는 것이 별로 없다는 게 우리의 민낯이기도 합니다. 이것이 제가 강의 주제로 만리장성을 선정하게 된 까닭입니다.

## 🌸 만리장성에 대한 오해

지금 중국에 가면 볼 수 있는 만리장성은 실제론 만 리가 훨씬 넘는 성벽입니다. 베이징 일대에는 겹으로 축조되어 있는데, 이처럼 겹으로 된 부분까지 다 합치면 만리장성의 실제 길이는 대략 1만 6천 킬로미터 가까이 됩니다. 그런데 중국에서는 10리가 5킬로미터로, 4킬로미터를 10리로 치는 우리보다 1킬로미터 더 깁니다. 그러니까 우리 식으로 치자면 만리장성의 실제 길이는 족히 1만 5천 리를 상회하게 됩니다. 어쨌든 이 성벽은 동쪽 끝의 산해관山海關에서 서쪽 끝의 가욕관嘉峪關에 이르기까지, 중국 북방의 초원지대를 가로질러 건조되어 있습니다. 앞서 말씀드린 것처럼 유목지대와 농경지대의 경계선을 따라, 중앙유라시아 일대 유목민으로부터 중원을 수호하기 위해 이 엄청난 역사役事를 일궈냈다고 합니다.

### • 진시황만 만리장성을 쌓았다?

그러나 이는 명(明, 1368~1644) 때 쌓은 장성애 대한 얘기일 따름입니다. 중국 관광코스에 웬만하면 들어가 있는 만리장성의 거의 전부는 명대 초엽부터 몽골의 중원 재침략을 대비하여 쌓은 것입니다. 우리는 흔히 명에 의해 몽골의 원(元, 1271~1368) 제국이 멸망했다고 배웠습니다. 하지만 이는 중화주의에 기초한 역사 해석에 불과합니다. 몽골은 북방으로 후퇴한 이후로도 중원을 상시적으로 위협할 정도로 군사력을 유지하고 있었습니다. 그래서 명대 초엽부터 만리장성을 견고

만리장성의 동쪽 끝 산해관(위),
만리장성의 서쪽 끝 가욕관 모습(아래)

하게 쌓기 시작했던 것입니다. 이는, 지금 우리가 쉬이 접
하는 만리장성은 진시황과 직접 연관되지 않았음을 말해
줍니다.

**제후국**
왕조는 통치 범주가 천하
인 천자(天子)의 나라를
가리키고, 제후국은 천자
로부터 일정 지역의 통치
를 위임받은 제후가 다스
리는 나라를 가리킨다.

우리는 흔히 '만리장성' 하면 전국戰國의 혼란을 딛고
중원을 통일한 진시황을 떠올리곤 합니다. 그렇습니다.
만리장성이 진시황의 트레이드 마크임은 틀림없는 사실입니다. 사마
천司馬遷의《사기史記》에는 진시황이 장군 몽염蒙恬을 시켜 흉노를 북쪽
으로 내몬 후, 군중 30만 명을 동원하여 만 리가 넘는 장성을 수축했
다는 기록이 나옵니다. 따라서 진시황이 중국 역사상, 아니 인류 역사
상 최초로 만리장성을 쌓은 인물임에는 의심할 여지가 없습니다. 다
만 그만이 유일하게 장성을 쌓았던 것은 아님을 같이 기억할 필요가
있습니다.

이는 앞서 언급한《사기》의 기록만 봐도 금방 알 수 있습니다. 사마
천은 진시황이 수축한 장성은 동쪽 랴오양遼陽에서 서쪽 간쑤甘肅 성
민 현岷縣을 잇고 있다고 증언했습니다. 그런데 이 지역은 지금의 만
리장성 동서 양끝인 산해관과 가욕관을 잇는 선보다 훨씬 북쪽입니
다. 또한 진을 바로 이은 한(漢, B.C. 202~220) 제국은 실크로드 개척자답
게 가욕관보다도 더욱 서쪽인 둔황(敦煌, 돈황)을 넘어 신장(新疆, 신강) 일
대까지 장성을 수축했습니다. 역대 왕조 가운데 9개 왕조와 11개 제
후국이 장성을 쌓았는데요, 그중 한대에 쌓은 장성이 가장 길었습니
다. 길이가 장장 2만 리 가까이 됐다고 합니다. 아무튼 역대 중국에는

둔황 부근 한대 장성 유적

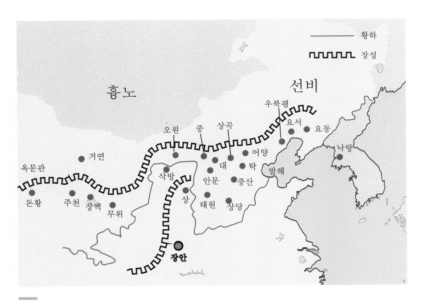

한대에 쌓은 역대 최고 길이의 장성

만 리가 넘는 장성이 최소한 셋이 있었던 셈입니다(여진(女眞)의 금(金)이 쌓은 장성도 만 리에 육박한다는 점에서 '만리장성'이라는 이름에 부합하는 장성 수를 4개로 잡기도 합니다).

게다가 진시황이 만리장성을 처음부터 쌓은 것도 아니었습니다. 뒤에 상술하겠지만, 이미 춘추시대부터 중원 제후국들은 적의 침입에 대비해 성벽을 수축하고 있었으며, 국력이 강성해진 전국시대에 들어서는 제후들이 넓어진 자기 영토를 지키기 위해 대규모 성벽 건설에 본격적으로 나섰습니다. 진시황은 중원을 통일한 후 이들이 쌓아 놓은 북방 쪽 성벽을 하나로 이어 만리장성을 건설했으니, 이것 또한 만리장성을 오로지 진시황하고만 연결시킬 수 없는 까닭입니다.


• 한족만 만리장성을 쌓았다?

만리장성의 역할에 대한 전통적 견해는 진시황이 기원전 221년 중원을 통일한 후, 그러니까 황하와 장강 대부분의 유역을 아우르는 중국 최초의 통일제국을 건설한 후 변방 융적의 침입으로부터 중원을 보위하기 위해 구축했다는 것입니다. 이런 인식의 근저에는 북방 유목민은 늘 중원을 호시탐탐 노리기 때문에 장성을 쌓을 수밖에 없었다는 관점이 똬리를 틀고 있습니다. 그렇다 보니 만리장성에 대한 이해는 주로 중원과 북방 유목민 사이에 형성됐던 끊임없는 긴장의 산물로 간주한 중화주의의 영향을 강하게 받곤 했습니다.

길이가 만 리까지 되지는 않더라도, 중원을 통치했던 왕조 대부분

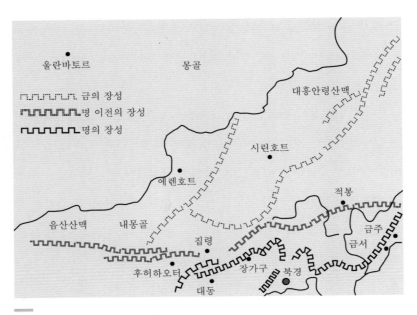

유목민이 쌓은 금의 장성과 한족이 쌓은 명의 장성

은 장성 수축에 공을 들였습니다. 한족漢族 왕조만 장성을 쌓지는 않
았다는 것입니다. 북방 유목민 가운데 중원을 점령 통치했던 이들도
장성을 수축했습니다. 예컨대 지금 남아 있는 만리장성 자리에 장성
을 수축하기 시작한 왕조는 남북조南北朝 시대의 북제(北齊, 550~577)로,
이들은 선비鮮卑 일파인 탁발부拓跋部에 속하는 유목민의 후예였습니
다. 송(宋, 960~1279)을 장강 이남으로 내쫓고 중원의 새로운 패자가 된
여진의 금(金, 1152~1234) 또한 북방에 장성을 수축하여 신흥세력인 몽
골의 남하에 대비했습니다. 유목민 출신 왕조가 쌓은 장성 수가 한
족 왕조에서 쌓은 장성의 2배나 됩니다. 장성을 수축한 역대 왕조 가

운데 한, 수(隋, 589~618), 명, 세 왕조만이 한족 정권이었고, 나머지 여섯 왕조는 모두 유목민 정권이었습니다. 중원을 통치하기 위해서는 또 다른 북방 정치세력의 내침을 방어할 필요가 절대적이었던 셈입니다.

이는 만리장성이 융적만을 막기 위해 고안된 것이 아니라, 그들이 누구든 간에 중원을 침탈하는 외부 세력을 막기 위해 고안된 것임을 일러줍니다. 다만 북방 유목민의 내침이 중원 역사를 뒤흔들어 새로운 흐름을 초래하게 된 요인이다 보니, 만리장성 하면 자연스럽게 융적, 곧 '오랑캐'가 연상됐을 따름입니다.

• 중원 수비만을 위해 만리장성을 쌓았다?

만리장성 하면 아무 의심 없이 오랑캐를 연상하는 태도는, 앞서 언급한 바처럼 유목민의 침탈로부터 중원을 수호하기 위해 쌓았다는 관습의 소산이었습니다. 그리고 이는 '문명-중원 대 야만-융적'이란 중화주의와 표리를 이루어 왔습니다. 그렇다 보니 만리장성은 야만으로부터 문명을 방어하기 위한 적극적 태도의 소산이라고 철석같이 믿게 된 것입니다. 이를테면 중원이 주로 농경에 종사했던 것과 융적이 주로 유목과 목축을 행했던 점에 착안하여, 만리장성을 농경지대와 유목지대를 나누는 경계선, 문화적 · 가치론적 차원에서 변별 가능한 농경문화와 유목문화의 경계, 나아가 중원과 융적을 구분해 주는 구조물, 곧 문명세계인 중원과 야만세계인 유목의 땅을 격리하는 방벽으로 보는 견해가 널리 퍼지게 됐던 것입니다.

**중원 역사에 상수(常數)로서 개입**

일반적으로 '오랑캐'라 폄하되던 유목민은 중국을 흔드는 '돌발 변수'처럼 여겨져 왔다. 그러나 이는 중화주의로 인한 오해에 불과하다. 역대로 유목민은 항상 '상수로서 한족과 함께 중국 역사를 구성해 왔다. 이러한 양상은 기원전 770년 시작된 춘추시대부터 나타난다. 이에 대해서는 김월회 저, 《춘추좌전: 중국 문화의 원형이 담긴 타임캡슐》(서울: 풀빛, 2009)을 참조하라.

이러한 견해는 북방 거주민들이 유목생활을 하다 보니 늘 곡물이 부족했고, 이를 벌충하기 위해 농경생활을 하는 중원을 침략했다는 인식에서 기인합니다. 하지만 고고학적 증거들은 북방 유목민 생활이 오랜 기간에 걸쳐 반半정주 농업-목축생활에서 유목-목축생활로 전환됐음을 보여줍니다. 학자들에 의하면, 북방 유목지대가 지금처럼 농경에 적합하지 않은 땅으로 변모한 때는 기원전 1000년경입니다. 그 전에는 강수량이나 기온 등이 농경 가능한 수준이었다고 합니다. 그러나 이것도 '호胡'라 불리던 종족이 거주하던, 융적 활동무대보다 더 북방의 상황이었습니다. 그들보다 남쪽에서 중원의 제후국과 인접했던 까닭에 중원 역사에 상수常數로서 개입하고 있던 이夷나 융戎, 적狄 등으로 지칭된 종족들의 경우, 춘추시대에는 전적으로 유목생활에 의지하는 단계에 있지 않았습니다.

게다가 장성은 중국과 유목지대 사이에 구축된 것이 아니었습니다. 그것은 이방인이 거주하는 초원지대라는 낯선 땅을 통과하여 뻗어 나갔습니다. 이는 전통적 견해와 달리, 장성이 연평균 강우량 400mm 선을 따라 놓인, 농경 가능한 지역과 그렇지 않은 지역을 나누는 생태적 경계선이 아니었음을 분명하게 말해줍니다. 실제로 역대로 수축됐던 장성이 반드시 당시의 연평균 강우량 400mm 선과 일치하진 않는다고 합니다. 결국 장성은 초원과 농지, 유목과 농경을 분리하려고 세워진

만리장성 지도

것만은 아니라고 할 수밖에 없습니다.

사실 융적이 중원을 '상시적'으로 침입해야만 살 수 있던 것은 아니었습니다. 앞서 말했듯이 융적이라 지목된 북방 거주민이 전적으로 유목생활만 하지는 않았습니다. 그들은 반정주 상태에서 농경과 목축을 동시에 행하고 있었습니다. 따라서 전적인 유목생활로 인해 모자라거나 결여된 것을 벌충하기 위해 농경지대를 약탈해야만 하는 것은 아니었습니다. 오히려《춘추좌전春秋左傳》같은 역사책을 보면, 춘추시대 이래로 중원 제후국들은 북방 변경의 안정화를 도모하고 중원 내부의 패권 확보를 위해 결맹, 회유, 교역, 용병 등의 형식으로 융적을 적극적으로 활용하고자 했습니다. 곧 중원의 패권 다툼에 유리한 고지를 점하기 위해 중원 제후국들은 융적을 활용하는 데 별다른 주저함이 없었습니다. 경우에 따라서 제齊 환공이나 진晉 문공처럼, 융적의 장점을 적극 학습하여 중원의 패자로 등극하기도 했습니다. 따라서 이 시기에 융적으로부터 중원을 보호하기 위해 굳이 장성을 쌓을 이유는 없었다고 할 수 있습니다.

진시황 시절 또한 그러했다고 봅니다. 중원 제후국을 하나로 통일한 진시황은 춘추전국시대부터 끊임없이 이루어진 중원 팽창의 결과물과 마주하게 됩니다. 바로 '호胡'라고 통칭되던 흉노匈奴였습니다. 이들은 융적과 달리 전적으로 유목생활을 하는 유목민이었고 전투력도 융적보다 더욱 강했습니다. 게다가 이 시기에 이르러 묵특선우冒頓單于라는 걸출한 지도자의 영도 아래 진 제국에 버금가는 통합을 일구고 있었습니다. 이에 진시황은 연燕, 조趙 등의 제후국이 이미 수축해 놓았던 기존 장성을 하나로 이어 만리장성을 건설했습니다. 그리고 장군 몽염을 파견하여 흉노 정벌에 나서는 등 북방 경영을 본격적으로 수행한 결과, 중원을 급습하기가 어려울 정도로 흉노를 멀리 내쫓는 데 성공합니다.

이는 북방 변경을 안정화하기 위한 공세적 전략의 소산이었습니다. 결국 만리장성은 흉노의 내침을 막기 위해 쌓았다기보다는 이와 같은 진시황의 전략적 필요 때문에 쌓았다고 보는 것이 한층 타당합니다.

앞에서 말한 것처럼 만리장성에 대한 오랜 통념, 곧 만리장성을 진시황하고만 연결하고 그 기능은 융적의 중원 침탈 방어용이라고 인식하는 것은 근거가 박약하거나 어느 한 면만 본 적합하지 못한 인식입니다. 그렇다면 만리장성은 어떠한 다른 면면을 지니고 있는 것일까요? 그 가운데 몇 가지를 소개해 봅니다.

그런데 여기서부터 드리는 말씀은 선사시대부터 한대 초엽까지, 중앙유라시아와 중국 간 상호작용의 역사를 연구한 니콜라 디코스모라는 학자가 쓴 《오랑캐의 탄생》이란 책에 전적으로 의지한 것입니다(여기서부터 다음 두 절은 니콜라 디코스모 저, 이재정 역, 《오랑캐의 탄생: 중국이 만들어 낸 변방의 역사》(서울: 황금가지, 2005), 190~218쪽을 참조하여 재구성했습니다). 그 까닭은, 제가 접했던 '중앙유라시아-장성-중국'을 연동시켜 고찰한 연구성과 가운데 이 책이 가장 중립적이고 사실에 기초했다고 판단했기 때문입니다. 저와 같은 해당 분야의 비전공자 입장에선 지금부터 아무리 연구해도 이러한 수준을 뛰어넘을 수 없다는 현실도 고려했고요.

• 중원 내부를 향했던 장성

앞에서 간략하게 언급했듯이, 만리장성의 모태는 이미 전국시대에 꽤 마련되어 있었습니다. 만리장성은 기존에 수축된 보루와 이들 사이를 성벽으로 연결한 열성列城을 대대적으로 정비하며 하나로 이음으로써 완성된 성벽입니다.

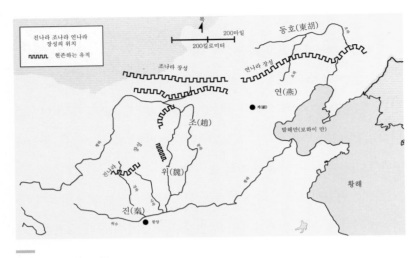

전국시대 장성 축조 상황

　이렇게 도성 외곽의 군사적 요충지에 보루를 쌓고 이들을 성벽으로 잇는 방식을 최초로 시도한 나라는 춘추시대 제齊나라로 알려져 있습니다. 이들은 남쪽의 강대국 초楚나라의 침입에 대비하여 성보城堡와 성벽을 쌓았고, 이에 초나라도 같은 방식으로 맞대응했습니다. 이를 뒤이어 위魏나라가 같은 방식으로 성벽을 쌓았고, 북방에서는 조趙나라와 연燕나라, 서쪽 진秦나라 등이 기원전 4세기 말부터 3세기 중반에 '장성長城'이라 부를 규모의 성채를 구축했습니다.

　이러한 장성이 단지 기존 영토 수비용만으로 활용됐던 것은 아닌 듯합니다. 니콜라 디코스모는 장성이 새롭게 펼쳐진 군사체계와 밀접하게 연동되었다고 보았습니다. 그는 장성이란 발명품은 전차전 위주에서 보병전 위주로 전쟁 양상이 바뀐 이후에 고안됐을 것으로 추정

했습니다. 보병전단의 안전을 확보하고 기동성을 높이기 위해선 자연조건을 광범위하게 통제할 필요가 있습니다. 곧 적군의 매복 등을 방지하기 위해 산길이나 강여울을 장악하면서 아군이 신속하게 전진할 수 있는 통로를 확보할 필요가 있었던 것입니다.

실제로 진시황은 중원을 통일한 후 '직도直道'라고 불린 길을 닦았습니다. 이는 수도 함양咸陽에서 북방 경영의 요충지인 오르도스Ordos까지 최단거리로 놓은 길입니다. 뿐만 아닙니다. 진시황은 자기가 통일한 제국을 순수巡狩하면서 직도를 놓았습니다. 천하 통일을 유지하기 위한 방책의 하나로, 수도에서 지방 각지의 요충지로 신속하고도 안전하게 이동할 수 있는 인프라를 구축했다고 보는 것이 타당할 듯합니다. 모르긴 해도 진시황은 유사시 이 길을 통해 강력한 보병전단을 늦지 않게 분쟁지역에 투입할 수 있었을 것입니다. 북방을 경영하는데 무척 유용한 전략적 장치였던 셈입니다.

그렇다고 장성을 북방 이민족에 대한 군사적 목적 달성, 곧 중원 바깥에 대한 정책적 목표 달성만을 위해 쌓았던 것은 아닙니다. 가령 진秦나라가 기원전 4세기에 융적의 땅으로 치고 나간 이유 중 하나는 북방 유목민에 대한 공세적 경영에 편의를 도모하려는 목적도 있었지만, 대내적으로 중원의 삼진三晉, 즉 한韓, 위魏, 조趙를 도모할 수 있는 직접적이고 안전한 통로를 열기 위한 목적이었습니다. 그래야 이들을 병탄하여 통일제국의 초석을 까는 대업을 효율적으로 수행할 수 있었기 때문입니다. 북방 경영이란 대외적 팽창뿐 아니라, 중원 내부를 향

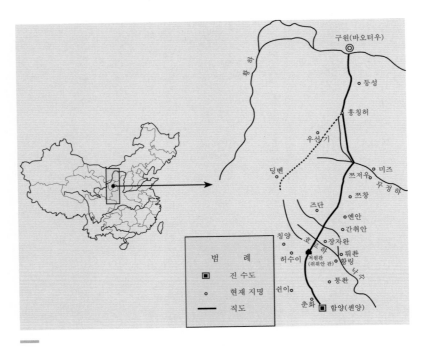

범　　례

■　진 수도
○　현재 지명
—　직도

구원(바오터우)

둥성

훙칭허

우선기

딩볜

미즈

쯔저우

우정허

쯔창

즈단

옌안

간취안

칭양

장자령

뤄촨

황링

허수이

쳔위안
(쥐위안 관)

퉁촨

쉰이

춘화

함양(셴양)

진대의 직도

　한 대내적 팽창을 향한 욕망이 장성을 만들어 냈다는 것입니다.

　이처럼 만리장성은 중원 제후국들이 대내외적으로 국세를 확장하
는 과정에서 비롯된 팽창정책의 산물로 봐야 합니다. 만리장성의 원
재료였던 전국시대 장성들도 서쪽 진나라와 북방 조나라, 연燕나라가
취했던 공세적 팽창정책의 산물이었다는 것입니다. 이들은 각각 자국
의 필요, 이를테면 교역로의 안정적 확보, 보병전단 이동의 효율성 구
현, 변방지역의 효과적 통치 등을 통한 국력의 신장 때문에 장성을 쌓
았다고 판단합니다.

병마용 내 진시황 시절 보병전단의 모습

따라서 이러한 팽창정책의 산물을 재료로 하여 빚어진 완성품을 두고 소극적 방어정책의 산물이라고 주장한다면 이는 '눈 가리고 아웅하기'밖에 안 됩니다. 일군의 논자는 이를 만리장성에 대한 전통적 견해가 잘못됐음을 반증하는 것으로 단정하니까요. 대신 그들은, 만리장성은 중국 북부에 폭넓게 거주했던 유목민의 내침보다는 중원의 제후국들이 끊임없이 영토를 확장해간 결과라고 선언합니다.

### • 만리장성, 식민지 경영을 위한 방책

문헌 자료를 봐도 장성을 중화주의에 입각하여 바라보는 관점은 근거가 박약한 듯합니다. 장성이 융적과 중국 간 대결의 산물이라는 시각의 근거로 제시되는 문헌 자료 역시 '문명-중국 대 야만-융적' 식의 이분법에 우호적이지 않습니다. 다시 니콜라 디코스모의 연구에 기대보겠습니다.

그는 장성 구축 사실을 명확하게 언급하고 있는 중국 측 문헌 자료 어디에도, 유목민의 공격으로부터 농경민을 보호하기 위해 장성을 쌓았다는 기록은 없다고 합니다. 이들 자료는 오히려 중원의 나라들이 이방인 땅을 공격한 후에 유목민을 '내쫓거나' 또는 '견제하기' 위하여 장성을 건설했다고 말해준답니다. 디코스모의 분석에 따르면 만리장성이 방어선 역할을 수행하기도 했지만, 이는 새로이 획득한 영토를 지키기 위함이지 본래부터 자기 영토였던 곳을 지키기 위함은 아니라고 합니다. 처음으로 북방에 장성을 쌓은 전국시대 진나라·조나라

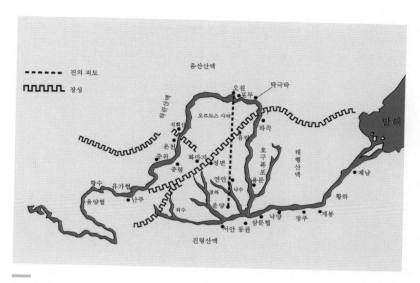

몽염이 점령한 오르도스 일대(황하가 둘러싼 지역)

· 연나라는 북방 유목민들로부터 넓은 땅을 취하고 그들을 고향에서
몰아냈기 때문에, 쫓아낸 유목민으로부터 자국을 보호할 필요가 생겨
장성을 쌓게 됐다는 것입니다. 만리장성의 역할이 방어선으로 설정된
것 자체가, 곧 세 나라가 공통적으로 추구한 군사적 공격과 영토팽창
정책의 산물임을 입증하는 유력한 근거가 됩니다.

이와 같은 문헌 자료를 토대로 니콜라 디코스모는 기원전 215년,
진시황의 명을 받은 몽염이 북방 원정을 떠난 것도 전국시대부터 본
격화된 북방 공략이라는 팽창주의적 정책의 일관된 수행이라고 분석
합니다. 이렇게 볼 수 있는 근거로 그는 관련 문헌 어디에도 몽염의
원정을 '수비에서 공세로의 전환'으로 볼 수 있는 언급이 없다는 점

을 들었습니다. 더 나아가 그는 만리장성이 공격 기능을 지녔다고 주장합니다. 진시황이 만리장성을 쌓자 이에 커다란 위기감을 느낀 흉노가 통합을 서두르게 되었고, 그 결과 흉노 제국이 출현한 사실이 이를 반증해 준다고 합니다. 만리장성의 공격 기능이 흉노 제국 성립을 촉발했다는 견해인데요, 이는 디코스모만의 독특한 관점은 아닙니다. 적잖은 논자들이 이러한 관점을 개진했습니다. 중원이 오랜 분열을 딛고 진과 한 제국으로 통합되어 감에 따라 북방 세계도 이에 효과적으로 대처하기 위해 통합이 진전됐음은 국제적 역학관계의 일반적 작동양상을 놓고 볼 때 합리적 해석이라고 판단합니다.

이러한 견해에 의거하면, 장성은 북방으로의 국세 확장이란 정책 목표를 염두에 두고 각 국가가 개척한 식민지에 건설됐던 것입니다. 중원 제후국들은 이러한 식민지에 농경지대 주민들을 이주시켜 군대를 편성하고 주둔케 했는데요, 이렇게 확보한 군사력을 효율적으로 활용함으로써 유목민과 행상인 그리고 비적 같은 적대적 무장집단을 강력하게 통제하려는 것이 장성의 건설 목적이었습니다. 다시 말해 장성은 자신들이 점령한 비非농경지역을 방어하고, 교통로를 확보하며, 군대가 이들 지역을 효율적으로 관리할 수 있게 건설됐습니다. 또한 새로 개척한 식민지 거주민을 통제하고 반항하는 유목집단을 추방함으로써 해당 지역을 안정적으로 점령, 통치하고자 했던 것입니다. 외침으로부터 영토를 수호하거나 분쟁 발생 시, 장성은 병력의 효율적 이동은 물론 명령 전달과 전황 보고, 군수물자 운송 등의 효율을 높여 주는 역할을 수행할 수 있었기 때문입니다.

그래서 진나라·조나라·연나라·위나라가 장성을 굳이 농경지대와 유목지대의 경계선을 따라 짓지 않았던 것입니다. 장성 축조의 목적은 농경지대의 보호가 아니라 이들 지역의 식민화를 촉진하는 데 있었기 때문입니다. 장성이 방어적 목적으로 이용된 것은 분명하지만, 기존의 자기 영토를 보호하기 위한 것이 아니라 적극적 팽창정책을 수행한 결과로 새로 획득한 영토를 보호하기 위한 것이었습니다. 곧 '북방 정벌→장성 축조→농경지대 주민 이주→초원 개간→농경지대 확장'이란 정책목표를 달성하기 위해 장성을 축조했다는 것입니다.

• 제국의 내적 불안요소로 쌓은 만리장성

만리장성에 대한 또 한 가지 대표적 오해는 만리장성을 대외정책 차원에서 주로 바라본다는 점입니다. 이 역시 중화주의적 편견에서 기인한 것인데요, 물론 대외정책이 장성을 고안하게 된 주요 계기였음은 분명합니다. 하지만 그렇다고 하여 장성이 오로지 대외정책 차원에서만 고안됐다고 주장한다면, 악어의 눈물만을 보고 악어는 어쩔 수 없이 살생을 한다고 믿는 유의 오류에 빠지게 됩니다.

진시황의 경우를 살펴봅니다. 그는 500년이 넘는 세월 동안 서로 지칠 줄 모르고 전쟁을 벌여왔던 중원 제후국들을 통일하고 중국사상 최초로 제국을 수립한, 미증유의 영웅이었습니다. 진시황을 영웅이라고 하니 다소 의아하시지요? 그렇습니다. 참으로 오래된 통념에 의

진시황의 초상

하면 진시황은 폭군 중의 폭군입니다. 그러나 진시황에 대한 긍정적 평가도 꾸준히 있었습니다. 《삼국연의三國演義》의 주인공으로 실제 역사에서는 빼어난 정치 지도자이자 문인이기도 했던 조조曹操, 요순 이래 대표적 성군이라는 평가를 듣는 당唐 태종을 비롯하여 적잖은 위인이 진시황을 높게 평가했습니다. 특히 한 제국의 지식인 주부언主父偃은 진시황을 "중원에서 최고이며 공적은 요임금, 우임금, 순임금과 같다"고 극찬하기도 했습니다(진시황에 대한 긍정적 평가는 장펀텐 저, 이재훈 역, 《진시황 평전: 철저하게 역사적으로 본 제국과 영웅의 흥망》(파주: 글항아리, 2011)의 1058~1074쪽을 참고하십시오). 그렇다고 진 제국의 기틀이 튼실하게 놓인 것은 아니었습니다. 정치적 통일을 이루었다고 하여 중원에 산재해 있는 잠재적 불안요소가 소멸된 건 아니기 때문입니다. 여기서 제국을 위협할 수 있는 잠재적 불안요소로는 최소한 두 가지를 들 수 있습니다. 하나는 산재해 있는 무기이고, 나머지 하나는 전투경험을 지닌 인력입니다. 하여 진시황은 전국에 있는 무기를 수도 함양으로 모조리 거둬들이라고 명령한 후, 수합된 무기를 녹여 엄청난 크기의 철인鐵人 수십 기를 제조했습니다. 훗날《삼국연의》에 나오는 동탁董卓이 그중 하나를 녹여 2만 명을 무장시켰다는 일화가 있을 정도이니, 당시 중원에 산재해 있던 군사력이 어느 정도였는지를 충분히 가늠해 볼 수 있을 겁니다.

그러나 무기를 없앴다고 하여 정권에 대한 잠재적 불안요소가 완전히 소멸된 것은 아닙니다. 다른 하나, 곧 일상화된 전쟁 속에서 전투경험이 많은 장정들이 온존해 있다는 점 또한 통치자의 입장에서는 커다란 불안요소였습니다. 대장군 몽염이 30만 대병을 이끌고 흉노를 정벌하고, 뒤이어 만리장성을 수축했던 진시황의 정책은 이를 해소하는 데에 매우 효과적 방안이었습니다.

역사가 말해 주듯이, 내부의 패권을 놓고 치열하게 각축하던 이들도 외부의 적이 출현하면 한결 수월하게 공동전선을 형성하여 외부의 적에 대항하게 됩니다. 또한 만리장성같이 외부의 적과 연계되어 추진되는 대규모의 토목사업은 '전국에 산재해 있는 전투경험을 지닌 대량의 퇴역 병력'이란 불안요소를 빠른 시일 내에 효과적으로 해소할 수 있었습니다.《회남자淮南子》에는 만리장성 수축에 50만 명이 동원됐다고 기록되어 있습니다. 다른 기록에 의하면 이들 외에도 평민 50만 명가량을 더 동원했다고 합니다. 이 정도의 수치라면, 전투경험이 풍부한 퇴역 병력의 상당수를 효과적으로 통제한 것으로 보입니다.

그래서 350년이 넘게 분열과 혼란을 겪은 중원을 통일한 수 제국도

수차례 고구려를 정벌했고, 대운하 개통 사업에 대규모 인민을 동원했던 것입니다. 기록에 의하면 583~584년과 607~608년에 매년 수십만 명이 대운하 개통에 동원됐습니다. 일본의 전국시대를 통일한 도요토미 히데요시豊臣秀吉도 같은 이유로 조선 원정길에 나섬으로써 전국에 산재해 있던, 무시할 수 없는 정도의 무기와 병력을 효율적으로 소거하고자 했습니다.

이렇듯 대내적 관점에서 보면 만리장성이 오로지 대외정책 차원에서 고안된 것만은 아님을 알 수 있습니다. 그것은 500년 넘게 지속된 상호 쟁투의 유산을 일소함으로써 통일제국의 기틀을 튼실하게 놓기 위해 고안된 통치정책의 하나였던 것입니다.


• 선線이자 면面인 만리장성

중국은 넓습니다. 아주 많이 넓습니다. 어쩌면 그 넓이를 우리가 체감하는 것은 불가능할지도 모릅니다. 과장하는 것이 아닙니다. 여러분, 유럽에 한 달 남짓 여행을 다녀오셨다고 해봅시다. 그 나라에선 꽤 유명하고 중요한 곳을 두루 답사하는 식으로 여행을 했다면, 그 한 달 동안 과연 몇 개의 나라를 다녔을까요?

이번엔 중국에서 1년 동안 여행을 했다고 해봅시다. 앞과 같은 방식으로 다니신다면 과연 몇 개의 나라를 다녀오셨을 것 같습니까? 그렇죠! 1년 아니라 10년간 여행을 했다고 해도 중국 한 나라를 다녀오신 것이겠지요. 그런데 사정이 이와 같다고 하여 유럽이 중국보다 훨씬

중국과 유럽의 면적 비교

중국을 횡단하는 세 개의 선. 황하, 만리장성, 장강.

넓다고 할 수 있을까요? 실제 면적을 비교해 보면 이와는 정반대입니다. 지금 중국의 강역은 유럽의 1.8배가 조금 못 됩니다. 중국의 여러 성을 여행하면서 하나의 나라를 여행하고 있다고 생각하는 것이 과연 타당한 일인지, 사뭇 회의가 들 수밖에 없는 대목입니다. 아무튼 중국이 이 정도로 넓은 강역을 차지하고서 우리 옆에 우뚝 서 있음은 부인할 수 없는 사실입니다.

그렇게 넓은 중국을 횡단하는 선이 3개가 있습니다. 무엇, 무엇일까요? 예, 맞습니다. 황하와 장강, 그리고 만리장성입니다. 셋 다 그 넓은 중국 대륙의 상당 부분을 동서로 얼추 가로지르면서 관통하고 있기 때문에, 중국을 대표하는 상징으로 꽤 오래 전부터 활용되어 왔습니다. 그래서인지 우리는 만리장성을 하나의 '선線'으로만 인식하는 경향이 있습니다.

그런데 막상 만리장성에 오르면, 성벽 위에 '도로'라 불러도 손색없을 정도로 길이 놓여 있음을 마주하게 됩니다. 주周 위열왕威烈王의 군대가 성벽을 통해 이동했다는《죽서기년竹書紀年》의 기록에서 알 수 있듯이, 실제로 장성은 대규모의 병력이 적의 방해를 받지 않고 신속하게 전장으로 투입될 수 있는 통로였습니다. 이 점은 앞에서도 말씀드렸는데요, 당시 진시황의 군대는 최첨단 무기로 무장한 강력한 보병전단이었습니다. 그런데 보병전단의 가장 큰 약점은 적의 매복에 취약하다는 점과 느린 이동속도입니다. 이 두 약점만 보완할 수 있다면 가히 천하무적이 될 수도 있었습니다. 장성은 이러한 약점을 극복할

베이징 인근 사마대(司馬臺) 장성

수 있는 현실적 대안의 하나였던 듯합니다.

물론 장성 수축에 전투를 위한 고려만 적용된 것은 아니었습니다. 한대 가욕관 서쪽으로 뻗어나간 장성은 실크로드를 관리하면서 물자와 공문 등이 오가는 물류의 유통체계이자, 문서 행정체계의 일환이었습니다. 도미야 이타루에 의하면, 이 덕분에 한대에는 구중궁궐 한가운데에 있는 황제의 명령이 만리장성의 서쪽 끝에 있는 최전방 초소에 전달되는 데에 50일이 채 걸리지 않았다고 합니다. 기원전 2세기 무렵에 이 같은 행정문서 전달 시스템이 이미 실현된 것입니다. 지금 감각으로는 별일 아닌 듯하지만, 그 당시 한반도가 어떤 상황이었는지를 떠올려 보면 '엄청난 일'이었음을 미루어 짐작할 수 있습니다 (이에 대한 상세한 논의는 도미야 이타루 저, 임병덕 역, 《목간과 죽간으로 본 중국 고대 문화사》 (서울: 사계절, 2005)에 잘 나와 있습니다).

또한 장성은 하나의 '대역帶域'이었습니다. 장성을 중심으로 그 일대에서는 으레 한족과 이민족의 상업적 거래가 흥성했으며, 양자 간 문화적 교류가 활발하게 일어났습니다. 멀리서 보면 장성은 선처럼 존재하지만, 실상은 '면面'을 지닌, 길게 이어진 '장場'이었던 것입니다. 다양한 민족의 융합을 촉진했던 매개의 장으로 장성을 보는 근자의 논의는 이러한 역사적 사실에 근거하고 있습니다. 다만 이러한 관점이 진하게 묻어 있는 현대 중국의 국가 이데올로기에 유의할 필요가 있습니다. 다민족국가인 현대 중국의 기원을 몇 천 년 전으로 소급하여, 마치 저 옛날부터 중국이 주변의 이민족을 포괄한 다민족국가를 건설한 것처럼 호도할 가능성이 높기 때문입니다.

이런 점에 유의하면서 만리장성을 보면, 만리장성은 한족만의 것이 아니고, 또 농경민과 유목민을 가르는 단순한 경계선도 아니었습니다. 한족과 북방 유목민이 공동주연을 맡았던 역사의 소산이자, 양자 간 상호작용이 일어나는 무대였던 것입니다.

## 중화를 표상하는 만리장성

사정이 이러한데도 '중원 대 이적', '문명인 대 오랑캐', '농경 대 유목'의 구도 아래서 만리장성을 보게 된 데에는 한대의 사마천과 명대의 상황이 기여한 바가 큽니다.

한대에 들어 중원과 북방의 대치 양상은 직전 시대와는 판이하게 전개되었습니다. 통일제국을 건설한 한은 서북지역을 늘 위협하는 흉노를 어떡하든 처리해야 했습니다. 상술했듯이 전국시대와 통일제국인 진을 거치면서 중국은 팽창정책을 지속했고, 그 결과 중원 영토는 북방으로 꽤 확장되었습니다. 이렇게 중원의 압박을 받던 흉노는, 진시황이 제국을 세울 무렵 주변 여러 부족을 통합하며 중원 제국에 맞설 정도로 힘을 키웠습니다. 그리고 진이 망하고 한이 건립되는 과도기의 혼란을 틈타, 흉노의 군장 묵특선우는 중원 경략에 본격적으로 나섰습니다.

이런 상황에서 한 제국을 건설한 유방劉邦에게 흉노는 큰 우환이었습니다. 결국 그는 직접 흉노 토벌에 나섭니다. 그러나 결과는 참패였

말에 짓밟혀 있는 흉노의 상(위). 말에 짓밟힌 흉노를 뒤집어 놓은 모습(아래)

습니다. 이 사건은 '평성지역(平城之役, 평성 사건)'이라 불리며 한 제국의 치욕으로 기록됐는데요, 당시 평성에서 유방의 군대는 흉노의 포위에 빠지고 맙니다. 이에 유방은 흉노를 '형님의 나라'로 섬기며 정기적으로 조공을 바친다는 약조를 하고 나서야 가까스로 헤어날 수 있었습니다. 직전 시대까지 중원의 패권 확보와 안정적 통치질서 구현을 위해 북방 경략에 적극적으로 임했던 전통이 한대에 와서 깨진 셈입니다. 이후 한 제국은 6대 황제인 무제 때에 이르러서야 흉노에게 군사적으로 우위를 점하기 시작합니다. 무제는 곽거병郭去病 등 빼어난 장수를 동원하여 흉노 본거지까지 진격, 흉노 소탕이라는 소기의 목적을 이룹니다.

그렇다고 흉노에 대한 중원 사람들의 트라우마가 해소된 것은 아니었습니다. 한은 남으로는 백월(百越, 오늘날의 광둥 성 일대), 동으로는 고조선을 복속시켰지만, 흉노에 대해서만큼은 사정이 달랐습니다. 비록 무제 때 이르러 흉노를 멀리까지 쫓아냈지만, 한대 초기부터 조공을 바쳐온 상대인 흉노에 대한 아픈 역사적 기억을 쉽게 떨쳐내지 못했습니다. 결국 흉노는 무제 때까지도 여전히 한을 실질적으로 위협하는 가장 강력한 외세로 표상되었습니다.

사마천은 이러한 여건에서 《사기》를 기술했고, 그 안에 〈흉노 열전〉을 따로 두어 흉노에 대해 상세하게 기술했습니다. 그는 여기서 흉노를 외부의 강력한 적으로 설정함으로써 중원 통일의 지속을 당위로 제시했습니다. 그렇다 보니 중국 역사의 여명기부터 중국과 융적이 대결하며 양극을 형성했다고 보는 역사 모델을 수용하여 한과 흉노의 대결을 기술하게 되었습니다. 이는 한대에 이르러 비로소 펼쳐진 통일된 북방(흉노)과 통일된 남방(중국) 사이의 대립을 과거로 투영한 것입니다. 그 결과 전국시대 중엽부터 건설되기 시작하여 진시황에 의해 완성된 만리장성도, 대립을 극단적으로 표상하는 거대한 상징물로 이해하게 되었습니다.

만리장성이 북방의 강적 흉노로부터 중원을 보위해 주는 상징물로 재인식되기 시작된 데에는 이러한 시대 분위기가 결정적 역할을 수행한 셈입니다. 따라서 이러한 인식은 이와 유사한 시대 분위기가 형성되면 언제라도 부활할 가능성이 높았습니다(사마천의 흉노에 대한 서술은 앞에 나온 니콜라 디코스모의 책, 제2장을 참조하십시오).

한대가 막을 내린 후 위진남북조魏晉南北朝 시대에 이르러서는 북방 유목민이 중원으로 남하했던 까닭에 만리장성의 이러한 정치적·문화적 기능이 부각되지 않았습니다. 오히려 북위北魏나 북제北齊 같은 북조의 국가들은 장성을 새로이 축조하기도 했습니다. 6세기 무렵 북제는 평성(平城, 오늘날의 다퉁) 북서쪽에서 거용관居庸關을 거쳐 산해관에 이르는 장성을 새로 축조했습니다. 이는 기존 장성보다 남쪽에 건설되었는데요, 중원을 차지한 북방 출신 유목민들이 더 북방의 유목민으로부터 자신들이 점령한 중원을 지키기 위해 장성을 이용한 것입니다. 하여 '중원 대 융적'의 구도에 서 있던 만리장성에 대한 이데올로기적 인식이 끼어들 여지가 없었던 겁니다.

남북조 시대를 통일한 수는 단명했음에도 돌궐과 거란을 방비하기 위하여 북방 경영의 요충지인 오르도스 남쪽에 장성을 쌓았습니다. 그렇지만 뒤이은 당(唐, 6180~907)은 판도를 만리장성보다 훨씬 북쪽까지 넓혔기 때문에 만리장성의 존재감이 거의 드러나지 않았습니다. 이후 송은 북방 유목국가에 대하여 적극적이고 군사적인 대응보다는 조공관계를 맺음으로써 중원을 보호하는 정책을 채택했습니다. 따라서 만리장성의 정치적·문화적 의의를 새삼스레 강조할 까닭이 없었습니다. 그리고 뒤이은 원은 북방 유목민인 몽골이 세운 왕조였기에 만리장성은 더욱더 그 존재감을 잃을 수밖에 없었습니다.

이러한 원을 중원에서 북방으로 축출한 명은 역으로 몽골의 침입으로부터 중원을 보호하는 장치로 전용될 수 있는 만리장성을 주목했습니다. 여기서 만리장성에 대한 한대 인식의 부활을 목도할 수 있습니다. 이는 명대의 특수한 시대상황과 역사의식이 더해지면서 '중원 대 융적'이라는 전통적 이분법이 강화된 결과였습니다. 명은 건국 초기부터 몽골의 외침에 대한 강박관념을 떨쳐내지 못했습니다. 마치 한이 건국 초기부터 흉노에 대한 강박을 떨쳐내지 못했던 것처럼 말

몽골 기마병 모습

입니다.

실제로 몽골은 명에 의해 축출된 이후에도 중국 북방의 초원지대에서 여전히 강력한 군사력을 보유하고 있었습니다. 명의 3대 황제였던 영락제永樂帝는 혼란한 정국에도 불구, 다섯 차례에 걸쳐 고비 사막을 넘어 몽골 친정에 나섰습니다. 특히 다섯 번째 원정 때 도읍으로 돌아오는 길에 병사했을 정도이니, 몽골이 중원을 다스리는 황제에게 얼마나 골칫거리였는지 미루어 짐작할 수 있습니다. 또한 6대 황제였던 정통제正統帝는 50만 대군을 이끌고 친정에 나섰다가 몽골 오이라트부에 생포되는 치욕을 겪습니다. 이를 '토목에서의 변고'라는 뜻에서 '토목지변土木之變'이라고 부르는데요, 한의 유방이 평성에서 흉노에게 당한 치욕이 오버랩되기도 합니다. 거의 방치되어 있던 장성은 이러한 시대 배경으로 인해 대대적으로 보수되어, 급기야 역대로 가장 견실하게 축조된 만리장성으로 거듭나게 됩니다. 이렇듯 명은 몽골의 침략으로부터 중국을 방어하기 위한 군사적 요새로서 만리장성을 새롭게 구축한 셈이고, 그 결과 만리장성은 북방 유목민과 남쪽 중원 사이에 수천 년 동안 지속되어 온 길항과 긴장의 상징물로 더욱 우뚝 서게 된 것입니다.

현대 중국 역시 만리장성을 위대한 중화의 표상으로 적극 이용하고 있습니다. '만리장성은 달에서 보이는 유일한 인공구조물'이라는 식의, 사실과 무관한 허무맹랑한 신화를 만들어 내며 중국인의 역량이 저 옛날부터 독보적이었음을 애써 강조하고 있습니다. 이제 만리장성

시안에 있는 명대에 건설한 성벽

은 북방 유목민에 대한 방어선도, 그들의 지역을 공략하기 위한 교두보도 아닙니다. 지난 2008년 베이징 올림픽에서 볼 수 있듯이 '하나 된 중원', '강력한 중화', '세계 속 유일 강대국 중국'이라는 욕망을 온몸으로 구현하는 거대한 서사이자 상징이 되었습니다.

### 🌸 만리장성, 그 자체인 중국

'장성학(長城學, 장성에 대한 학문)'이라는 용어를 만들어 내며 대대적으로 장성을 연구하고 있는 현대 중국의 학자들은 물론 외국인들조차, 만리장성을 중국 문화 혹은 한족의 위대함을 대변하는 상징물로 여기는 데 별다른 토를 달지 않습니다. 실제로 중국 정부는 만리장성에 대한 안팎의 이러한 시선을 활용하여 대규모 행사를 치를 때면 만리장성을 적극적으로 활용해 왔습니다. 근자에 적극적으로 개진되는, 장성의 동쪽 끝을 산해관이 아니라 압록강에 연해 있는 단둥丹同의 후산虎山으로 잡는 팽창주의적 시각도 이러한 관점과 밀접하게 연관되어 있습니다.

그렇다고 만리장성을 중립적으로 바라보자는 견해가 없는 것은 아닙니다. 이 입장에 선 논자들은 만리장성에서 이를 쌓기 위해 동원된 인민들의 노고도 함께 봐야 한다고 주장합니다. 이미 한대 말엽에 진림陳琳이란 문인이 〈음마장성굴행飮馬長城窟行〉이라는 시에서 이렇게 읊었으니까요.

"그대만 유독 장성의 밑을 보지 못했는가? 죽은 이들의 해골이 떠받치고 있거늘君獨不見長城下, 死人骸骨相撐拄."

그들은 기술적 차원에서도 만리장성이 과연 북방 유목민의 내침에 효과적 방어수단이었는지 깊은 회의를 표하고 있습니다. 성벽의 높이나 견고함 등을 보건대 만리장성은 마지노선이 아니라, 기마민족의 신속한 이동을 저지함으로써 후방에서 전란에 대비할 시간을 벌게 해주는 정도의 소극적 역할을 수행하는 데에 그쳤다고 봅니다. 그리고 그 정도의 소극적 역할을 수행하기 위해 그 많은 인력과 재력을 투입했다는 점은, 투입 대 산출의 효율성 면에서 볼 때 오히려 중국의 어리석음을 반증하는 것이 아니냐고 반문하기도 합니다.

이러한 관점은 만리장성을 중화주의나 중국의 국가 이데올로기로부터 분리시켜, 실제 역사에서 만리장성이 어떠한 역할을 했는지를 가능한 객관적으로 바라볼 수 있게 해준다는 점에서 주목할 만합니다. 이렇게 만리장성을 가능한 사실적, 객관적으로 바라보자는 의도 아래 지금까지 만리장성이 지닌 널리 알려져 있지 못한 면면을 살펴보았습니다.

그런데 중국을 나름 긴 시간 동안 접하다 보니, 중국엔 만리장성이 도처에 즐비하다는 것이 실감날 때가 적지 않았습니다. 진짜 만 리나 이어지는 성벽을 얘기하는 것이 아닙니다. 21세기 들어 첫 삽을 뜬, 장강의 물을 황하로 끌어 들이는 사업만 해도 그렇습니다. 이는 수 제국이 판 대운하의 현대판이라고 할 수 있는데요, 물론 수 제국의 대운하와 다른 점도 있습니다. 가령 물길을 여는 목적이 그것입니다. 수

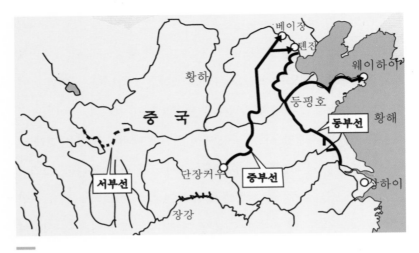

남수북조 사업 개요

제국 때엔 장강과 황하 사이에 운하를 파서 강남의 물자를 수도 장안長安으로 효율적으로 옮기자는 것이 목적이었습니다. 이에 비해 오늘날의 목적은 황하 연안의 도시화, 산업화로 인한 물 부족을 장강의 물로 해결하자는 것입니다.

중국인들은 이 사업을 '남쪽의 물을 북쪽으로 끌어 들인다'는 뜻에서 '남수북조南水北調'라고 부릅니다. 지난 2002년에 3개 선을 착공한 이래 2013년 12월 1,467킬로미터에 이르는 동선東線 1기가 완공되고, 뒤이어 2014년 12월에는 1,432킬로미터의 중선中線이 완공되었습니다. 중선의 경우, 장강의 취수 지점인 허난河南 성 단장커우丹江口 저수지부터 베이징 이화원頤和園 부근의 종점까지 물이 도달하는 데 15일이 걸린다고 합니다. 이것이 얼마나 엄청난 대역사인지 감이 잘 잡히

신장 위구르 자치구　마쭝 산　쥐엔하이　내몽골 자치구

낭산　양산　엔 산

보하이 만

인발입신 사업 개요

지 않으시지요? 흔히 한반도 전체를 '3천 리 금수강산'이라고 표현합니다. 3천 리면 1,200킬로미터입니다. 산을 옮기고자 한 우공愚公의 후예들은 장강과 황하 사이에 한반도 남북을 관통하는 길이보다도 200여 킬로미터가 더 긴 물줄기를 2개나 놓은 것입니다. 이 사업의 규모가 어느 정도인지, 감을 잡으셨기 바랍니다.

　그런데 이 정도로는 성이 차지 않았는지, 2010년엔 중국 동쪽에 위치한 보하이 만(渤海灣, 발해만)의 바닷물을 서쪽 끝에 자리한 신장(新疆, 신강)으로 끌어 댐으로써, 건조한 초원과 사막의 산업적 활용도를 높이자는 방안이 제기되었습니다. '발해의 물을 신강으로 끌어 들인다'는 뜻에서 '인발입신引渤入新'이라 불리는 이 방안은 관에서 제기한 것이 아니고, 실현 가능성도 현재로선 크지 않습니다. 때문에 아직은 아이디어 차원에 머물러 있습니다. 그렇지만 재차 강조하건대, 중국인이 우공의 후예임을 잊어서는 안 됩니다. 훗날 기술공학의 발달 등에 힘입어 타산을 맞출 수 있게 되면 실행에 옮길 것이기 때문입니다. 남수북조 사업이 처음 제기됐을 땐 허황된 상상이라고 했지만 결국 실현해 내는 것처럼 말입니다. 암튼, 그때 가서 이 사업이 실현되면 중국엔 황하와 맞먹는 물길이 하나 더 생기는 것입니다. 황하가 조물주가 물로 만든 만리장성이라면, 이 물길은 사람이 물로 빚은 만리장성이 되는 셈입니다.

지금 한창 진행 중인 '서부대개발'은 또 다른 만리장성입니다. 1980년대 이후 개혁개방의 성과로 중국 동남 연해안의 성장과 발전은 눈부시다는 표현이 무색할 정도입니다. 반면에 서북 일대 내륙지역은 낙후된 상태에서 별로 벗어나질 못해 중국 성장에 큰 걸림돌이 되고 있습니다.

21세기 들어 중국에선 '3대 격차 해소'니 '4대 격차 해소' 같은 표어가 시급히 처리해야 할 국정 과제의 앞자리에 놓였습니다. 여기서 '3대 격차'니 '4대 격차'니 하는 것은 동남 연해안과 서북 일대의 지역 간 격차, 빈부 격차, 도시와 농촌 간 격차 등을 가리키는데요, 중국 정부는 이러한 격차를 중국의 분열까지 일으킬 수 있는 심각한 사회문제로 꼽고 있습니다. 중국 정부가 서부대개발이란 거대한 구상을 마련, 낙후된 서부 내륙 일대를 본격적으로 개발하는 까닭입니다.

게다가 서부대개발은 사실 동남 연해안과의 경제적·문화적 격차

서부대개발 사업 대상 지역(노란색 부분)

를 줄여 국토를 균형 있게 발전시키겠다는 대내적 목표만 지닌 것은 아닙니다. 소수민족 독립 저지, 지하의 천연자원 확보 등, 갈수록 중요성이 커지는 실크로드 일대를 한층 적극적으로 도모하는 데 필요한 교두보를 확보하겠다는 대외적 목표도 담겨 있습니다. 서부대개발은 2000년 전국인민대표대회에서 국가적 장기사업으로 중점 추진하기로 결정된 거대 프로젝트입니다. 당시 100년에서 200년 정도를 내다보면서 이 사업을 2050년까지 3단계로 나누어 추진하기로 했답니다.

여기서 잠시 '믿거나 말거나' 수준의 일화를 하나 소개하고자 합니다. 1970년대 초반, 문화대혁명의 불길이 어느 정도 진정됐을 때 중국은 미국, 일본과 국교 정상화에 나섰습니다. 그 결과 '핑퐁 외교'라 불렸던 미국과의 국교 정상화가 성사됐고, 일본과도 관계 정상화가 이뤄졌습니다. 그 즈음에 덩샤오핑鄧小平이 외교사절을 이끌고 일본을 방문했습니다. 당시 일본 정부는 덩샤오핑을 위시한 중국 사절단을 일부러 고속열차인 신칸센新幹線에 태워 도쿄까지 오게 했답니다. 세계 최초로 실용화된 첨단 고속열차 신칸센은 당시 중국의 국력과 과학기술 수준으론 언감생심 꿈도 꾸지 못하던 것이었는데요, 이를 덩샤오핑 일행에게 체험케 함으로써 초장부터 중국의 콧대를 확 누르겠다는 심산이었습니다. 암튼 도쿄역에 내린 덩샤오핑을 향해 한 일본 기자가 각본대로 소감을 물었습니다. 덩샤오핑은 사뭇 의아한 표정을 지으며, '이 작은 나라에서 이렇게 빨리 달리는 열차가 왜 필요한지 모르겠다'는 요지로 답변했습니다. 허를 찔린 그 기자를 대신하여 다른 기자가 "그래도 이 정도의 과학기술은 중국엔 없지 않은가"라며 반격을 가했습니다. 그러자 덩샤오핑은 "우리 중국도 한 100년쯤 후엔 이런 기술을 지니게 될 것"이라 답했다고 합니다.

정말 이러한 문답이 오갔는지는 제 능력이 부족해서 확인을 미처 하지 못했습니다. 하지만 이 일화가 허구라 할지라도 중국에 대해 시사하는 바가 작지 않습니다. 중국이란 거대한 국가를 계승하여 당대의 중국을 이끌고, 그러면서 미래 중국을 만들어가는 이들은 못해도 100년, 200년 정도의 시간을 자기 영혼에 품고 있다는 점이 바로 그

것입니다. 그들이라고 하여 100년을 훌쩍 넘어 사는 것은 당연히 아닙니다. 그럼에도 숨을 거두고 나서도 수십 년이 흐른 뒤에야 끝낼 수 있는 사업을 자기 일인 양 해간다는 것입니다. 불과 4, 5년 남짓한 임기 동안 치적을 쌓기 위해 안달하는 우리 정치인들과는 너무나도 다른 모습입니다.

그렇습니다. 이처럼 저 옛날부터 중국을 이끌어 온 이들에게는 100년, 200년 정도 걸리는 일을 자기 일로 당연하게 여길 줄 아는 '문화적 DNA'가 들어 있었습니다. 비유컨대 그들의 영혼과 실존에는 '시간의 만리장성'이 기본값으로 깔려 있는 것입니다.

### 고전이 빚어낸 '텍스트의 만리장성'

하나만 더 소개하고 강의를 마치고자 합니다. 이러한 다양한 형식의 만리장성을, 지난 2천여 년 동안 빚어낼 수 있었던 원동력은 무엇이었을까요? 결론부터 말씀드리자면 바로 고전으로 대표되는 텍스트였습니다.

'문화중국' 곧 중국의 본질은 문화라는 통찰이 시사하듯이, 기원전 11세기 무렵 주周가 천자의 나라로 거듭나며 중국이란 정체성을 내세운 이래 지금까지 약 3천 년 간 왕조가 바뀌고, 또 통치 종족이 바뀌어 감에도 중국이란 정체성이 지속될 수 있도록 해준 것은 바로 '중화'로 대표되는 중국의 전통문화였습니다. 그것이 대대로 중국의 현재를 개선하고 미래를 기획하며 이를 실현하는 데에 가장 중요한 원

천이자 동력으로 활용됐다는 것입니다. 심지어 중국 전통문화를 봉건적이라며 부정했던 사회주의 현대중국조차도 약 3천 년 간 그런 역할을 수행해온 중국 문화를 결코 버리지 못했습니다. 대표적 예만 두 가지 들겠습니다.

첫 번째 예는 나라 이름입니다. 마오쩌둥毛澤東 등의 중국공산당이 내건 국명에는 사회주의 이념과 직결되어 있는 '인민공화人民共和'보다 전통적 지배체제의 고갱이를 직접 지시하는 '중화中華'라는 표현이 맨 앞자리를 차지하고 있습니다. 이 점은 그보다 앞서 수립된 '중화민국'이란 표현에서도 공통적으로 확인됩니다. 국민당이 채택한 지배체제를 직접적으로 가리키는 '민국(民國, 민주공화국)'보다 역시 '중화'가 국명의 맨 앞에 위치해 있습니다. 이는 중국인들이 '중화'로 대변되는 중국 전통문화를 서구 근대의 발명품인 사회주의 또는 자본주의에 종속되는 가치체계로 여기지 않았음을 잘 말해줍니다. 다시 말해 사회주의와 자본주의라는 서구 근대의 두 지배체제는 근대 국민국가nation-state 체제와는 어울릴지 모르겠지만, 중국이란 제국empire을 통치하는 데엔 적합하지 않다고 본 것입니다.

또 하나의 예는 G2로 성장한 중국이 자국의 전통문화를 바탕으로 21세기 새로운 '보편문명universal civilization'을 구축하고자 한다는 점입니다. 이에 대해 중국은 꽤 자신 있어 하는 눈치입니다. 최소한 진과 한 제국 시절 이후로는 한자권의 유일 제국으로서 보편문명의 기획자이자 실현자, 그리고 담지자로서의 역할을 수행해 왔기 때문입니다. 사실 문화를 바탕으로 제국을 일구고 보편문명으로서의 역할을 수행한다는 것은 당시의 문명조건을 감안했을 때 피치 못한 선택이었습니다. 정치나 경제, 사회, 문화 차원에서 독립성과 자율성을 지닌 한자권 국가들 위에 존재하면서 보편문명의 담지자라는 정체성을 '지속 가능하게' 실현할 수 있는 경로는 현실적으로 문화밖에 없었기 때문입니다.

다시 말해 당시는 군사적·경제적·정치적 힘에 의지하여 한자권 내 국가들을 직접적으로 통치하는 게 불가능했던 시절이었습니다. 전근대 시기엔 아직 그러한 작동이 가능한 생산력 등의 문명조건이 갖추어지지 못했기 때문입니다.

하여 전근대 시기 중국은 '문명의 표준과 높이를 점하는' 방식으로 한자권 내 유일한 문명 중심임을 실현하고 이를 권역 내에 관철시켜 왔습니다. 소위 '중원中原'이 상상되고 모색되며 천하라는 관념이 실제적으로 작동되던 무렵, 그러니까 늦어도 춘추전국시대에는 이미 '중원 천하'의 지배전략으로서 문명표준을 구축하고 이를 유일무이한 보편문명으로 천하에 보급하는 방식이 시행되고 있었습니다. 《춘추좌전》 등에 기록된, 천하의 온갖 물상을 구정九鼎 같은 신성한 기물에 새겨 넣음으로써 천하의 주인임을, 다시 말해 중심임을 표상하는 지배기제는 그 대표적 사례입니다. 이는 이후 한의 상림원上林園을 비롯하여 청의 피서산장避暑山莊, 원명원圓明園, 이화원 등에 이르기까지 황제의 처소나 정원 등을 천하의 축소판으로 조영造營하려는 관념으로 전화

**열하 피서산장 전경** 피서산장이 있는 열하(熱河), 즉 오늘날의 청더(承德)는 한족의 중원세계와 이민족들의 유목세계를 압축적으로 구현해 놓은 곳이었다. 피서산장이 있는 동남부는 만리장성 이남의 중원을, 서북쪽부터 동북쪽 일대에 건축된 사찰들은 유목세계를 상징한다. 현재는 사찰이 8개만 남아 있어 '외팔묘(外八廟)'라고 불린다.

제8강 중국이라는 만리장성

해 전근대 시기 내내 지속적으로 재현되었습니다.

문명의 표준을 독점함으로써, 또 문명의 최고 높이를 구현함으로써 보편문명으로서의 정체성을 구현한다는 전략도, '대일통'된 제국을 이룬 왕조에서는 어김없이 본격적으로 시행되었습니다. 한대에는 무제가 유교의 핵심 경전인 《시경詩經》·《서경書經》·《역경易經》·《춘추春秋》·《예기禮記》를 연구하는 오경박사를 두고, 문명의 텍스트와 그 해석의 표준을 장악하고자 했습니다. 그리고 《설문해자說文解字》·《백호통의白虎通義》 간행, 석경石經 제작 등의 사업도 전개했습니다. 당 태종은 《오경정의五經正義》를 간행했고, 현종은 《효경孝經》과 《도덕경道德經》, 《금강반야경金剛般若經》에 주석을 닮으로써 유·불·도 3교의 교의를 자신의 해석에 복속시켜 자신이 3교보다 우월한 위상을 점하고 있음을 공포했습니다. 또 석경을 재차 제조하여 전국에 보급하기도 했습니다. 북송 초엽에는 《태평광기太平廣記》·《태평어람太平御覽》·《문원영화文苑英華》·《책부원구册府元龜》 같은 방대한 규모의 백과전서를 편찬하여 문명 제반에 대한 지식과 정보를 장악하고자 했고, 명대에는 《영락대전永樂大典》·《성리대전性理大典》·《사서대전四書大典》·《오경대전五經大典》·《홍무정운洪武正韻》 등을 간행하여 문명의 표준적 해석을 독점하고자 했습니다.

이는 이민족이 중국을 통치할 때도 마찬가지였습니다. 청대 초엽의 황제들은 《고금도서집성古今圖書集成》·《사고전서四庫全書》·《강희자전康熙字典》·《황청직공도皇淸職貢圖》 같은 문헌 편찬 작업을 수행했고,

사고전서가 보관됐던 자금성의 문연각

**13경**
유교에서 가장 중시한 경서 13종을 총칭하는 말. 《역경》, 《서경》, 《시경》, 《주례》, 《예기》, 《의례(儀禮)》, 《춘추좌씨전》, 《춘추공양전》, 《춘추곡량전》, 《논어》, 《효경》, 《이아(爾雅)》, 《맹자》를 이른다.

**25사**
24사에 《신청사》를 더하여 일컫는 말. 24사는 청 건륭(乾隆) 때에 정한 중국의 정사(正史)로 《사기》, 《한서》, 《후한서》, 《삼국지》, 《진서(晉書)》, 《송서》, 《남제서》, 《양서》, 《진서(陳書)》, 《후위서》, 《북제서》, 《주서》, 《수서》, 《남사》, 《북사》, 《구당서》, 《신당서》, 《구오대사》, 《신오대사》, 《송사》, 《요사》, 《금사》, 《원사》, 《명사》를 이른다.

**표점본**
전근대 시기에 발간된 서적에 근대적 방식의 구두점, 문장부호, 띄어쓰기, 행갈이 등을 적용하여 새로 간행한 판본을 이른다.

13경을 온전히 새긴 석경을 제작하여 전국에 보급하는 등 문명의 표준과 그 최고 수준을 장악하려는 시도가 이어졌습니다. 이러한 보편문명 역할을 수행하고자 했던 전통은 사회주의 현대중국에도 이어져 마오쩌둥은 25사史의 표점본을 간행했습니다. 21세기 들어서는 역대 한자권에서 생산된 유교 관련 텍스트에 대해 정본(定本, critical edition) 작업을 수행하고, 이를 디지털화하는 것을 목표로 한 '유장儒藏' 프로젝트를 대대적으로 전개하고 있습니다. 유교를 기반으로 하는 보편문명 창출에 요구되는 디지털 토대를 광범위하고도 치밀하게 구축함으로써, 21세기 미래사회에서도 문명의 중심이자 표준 역할을 하려 하고 있음을 이를 통해 확인해 볼 수 있습니다.

"100만 명밖에 안 됐던 만주족이 어떻게 1억이 넘는 한족을 지배할 수 있었습니까?"

강의를 하다 보면 종종 접하게 되는 질문입니다. 이에 대한 저의 답변은, 중원 진출 이후 만주족은 중화의 고전을 장악해야만 중국 통치가 가능하다는 점을 늦지 않게 깨달았고, 이를 주저하지 않고 실천함으로써 중국 통치에 성공할 수 있었다는 것입니다.

그렇습니다. 공자와 노자가 출현한 이래 오늘에 이르기까지, 중국은 텍스트로 쌓아온 역사 자체입니다. 비유컨대 중국은 '텍스트의 만리장성'인 셈입니다. 그리고 오경五經과 《논어論語》 등의 사서四書, 《장자莊子》와 《한비자韓非子》 등의 제자백가서諸子百家書, 수없이 많은 명시와 명문 같은 고전은 그러한 텍스트의 만리장성을 대대로 빚어낸 DNA였습니다.

중국에는 이런 속담이 있습니다.

"만리장성에 오르지 않으면 멋진 이가 아니다."

일리가 있는 말입니다. 다만 '2%'가 부족합니다. 이를 패러디하여 그 부족한 바를 보충하며 강의를 맺고자 합니다.

"고전의 만리장성에 오르지 않는다면 중국을 모르는 이다."